정혜결사문(定慧結社文)

지눌이 밝힌 선정과 지혜의 길

지눌 지음 | 서정형 풀어씀

청소년 철학창고 17

정혜결사문, 지눌이 밝힌 선정과 지혜의 길

초판 1쇄 발행 2007년 2월 15일 | 초판 5쇄 발행 2019년 5월 20일

풀어쓴이 서정형
펴낸이 홍석 | **전무** 김명희 | **기획** 채희석
편집 김재실 · 김상은 | **표지 디자인** 황종환 | **본문 디자인** 서은경
마케팅 홍성우 · 이가은 · 홍보람 · 김정선 | **관리** 최우리
펴낸곳 도서출판 풀빛 | **등록** 1979년 3월 6일 제8−24호
주소 서울특별시 서대문구 북아현로 11가길 12 3층(북아현동, 한일빌딩)
전화 02−363−5995(영업), 02−362−8900(편집) **팩스** 02−393−3858
홈페이지 www.pulbit.co.kr | **전자우편** inmun@pulbit.co.kr

ⓒ 서정형, 2007

ISBN 978−89−7474−545−5 44150
ISBN 978−89−7474−526−4 44080 (세트)

이 책의 국립중앙도서관 출판시도서목록(CIP)은 e-CIP 홈페이지(http://www.nl.go.kr/cip.php)에서
이용하실 수 있습니다.(CIP제어번호 : CIP2007000270)

정혜결사문(定慧結社文)

지눌이 밝힌 선정과 지혜의 길

지눌 지음 | 서정형 풀어씀

'청소년 철학창고'를 펴내며

　우리 청소년이 읽을 만한 좋은 책은 없을까? 많은 분들이 이런 고민을 하셨을 겁니다. 그러면서 흔히들 고전을 읽어야 한다고 합니다. 하지만 서점에 가서 책을 골라 보신 분들은 느꼈을 겁니다. '청소년의 지적 수준에 맞춰서 읽힐 만한 고전이 이렇게도 없는가.'라고.

　고전 선택의 또 다른 어려움은 고전의 범위가 매우 넓다는 것입니다. 청소년 시기에는 시간과 능력의 한계 때문에 그 많은 고전들을 모두 읽을 수 없습니다. 그렇다면 어떤 책을 읽어야 할까요?

　이런 여러 가지 현실적 어려움을 고려하여 기획한 것이 풀빛 '청소년 철학창고'입니다. '청소년 철학창고'는 고전의 핵심이라 할 수 있는 '철학'에 더 많은 무게를 실었습니다. 그 이유는 무엇일까요?

　사람들은 일반적으로 철학을 현실과 동떨어진 공리공담이나 펼치는 학문이라고 생각합니다. 하지만 철학적 사고의 핵심은 사물과 현상을 다양하게 분석하고 종합하여 그 원칙이나 원리를 찾아 내는 것입니다. 그래서 철학은 인간과 세상에 대해 깊이 있게 생각하고, 논리적으로 종합하는 능력을 키워 줍니다. 그런 만큼 세상과 인간에 대해 눈떠 가는 청소년 시기에 정말로 필요한 공부입니다.

하지만 모든 고전이 그렇듯이 철학 고전 또한 읽기가 쉽지 않습니다. 그래서 '청소년 철학창고'는 청소년의 눈높이에 맞추기 위해 선정에서부터 원문 구성에 이르기까지 많은 노력을 기울였습니다.

첫째, 책을 선정하는 과정에서부터 엄격함을 유지했습니다. 동양·서양·한국 철학의 전공자들이 많은 회의 과정을 거쳐, 각 시대마다 동서양과 한국을 대표하는 철학 고전들을 엄선했습니다. 특히 우리 선조들의 사상과 동시대 동서양의 사상들을 주체적인 입장에서 비교하고 검토할 수 있도록 했습니다.

둘째, 고전 읽기의 참다운 맛을 살리기 위해 최대한 원문을 중심으로 구성했습니다. 물론 원문 읽기의 어려움을 해결하기 위해 새롭게 번역하고 재정리했습니다. 그리고 청소년이라면 누구나 어렵지 않게 읽으면서 고전이 주는 의미와 내용을 이해할 수 있도록 설명을 덧붙였고, 전체 해설을 통해 저자의 사상과 전체 내용을 다시 한번 정리해 주었습니다.

마지막으로 쉬운 것부터 읽기 시작하여 점차 사고의 폭을 넓혀가도록 난이도에 따라 세 단계로 구분을 했습니다. 물론 단계와 상관 없이 읽고 싶은 순서대로 읽어도 될 것입니다.

우리 선정위원들은 고전 읽기의 진정한 의미가 '옛것을 되살려 오늘을 새롭게 한다(溫故知新).'는 데 있다고 생각합니다. '청소년 철학창고'를 통해 자라나는 청소년들이 인간과 사물에 대한 깊은 통찰력을 키워, 밝은 미래를 열어 나갈 수 있기를 진정으로 바랍니다.

2005년 2월

선정위원　　허우성(경희대 교수, 동양철학)　　윤찬원(인천대 교수, 동양철학)

정영근(서울산업대 교수, 한국철학)　　허남진(서울대 교수, 한국철학)

이남인(서울대 교수, 서양철학)　　한자경(이화여대 교수, 서양철학)

들어가는 말

불교는 우리에게 무엇인가.

우리 민족의 문화유산 중에는 불교와 관련된 것이 많고, 현 시점에서도 불교는 우리의 삶에 직·간접적인 영향을 미치고 있는 살아 있는 전통으로서 우리의 일상 언어와 사고방식에는 알게 모르게 불교적 세계관이 스며 있다. 그런 의미에서 불교는 우리에게 매우 친숙한 종교기도 하지만, 다른 한편으로는 부정적인 이미지도 가지고 있다. 조선 시대 오백 년에 걸친 억압의 역사 때문이겠지만, 아직도 불교는 많은 사람들에게 미신적인 종교로 각인되어 있다.

무속 등 고유 신앙을 수용하면서 기복적인 요소가 결부되기는 했지만, 불교는 본래 합리적이고 논리적인 가르침이다. 진리는 명명백백(明明白白)한 것이므로 모호한 구석이 없다. 그것이 어렵게 느껴진다면 그 까닭은 진리 자체의 문제라기보다는 그것을 전달하는 사람과 언어의 문제. 예컨대 뜰 앞에 있는 장미의 향기는 후각 기능에 이상이 없는 사람에게는 명백한 것이지만, 후각이 마비된 사람에게 언어로 설명하려고 한다면 수백 권의 책으로도 오히려 모자랄 것이다. 마찬가지로 불교 철학의 어려움도 표현의 어려움이요, 명백한 진리를 언어로 전달하고자 할 때의 어려움이다.

한국 선(禪) 불교의 중흥조(重興祖)로 일컬어지는 보조국사(普照國師) 지눌(知訥)의 《정혜결사문(定慧結社文)》은 불교 철학의 핵심인 '마음'의 진리를 설파하면서 동시대인들에게 함께 마음을 닦을 것을 권유한 글이다. 예나 지금이나 사람의 마음은 다르지 않고, 진리 역시 세월과 더불어 낡아 가는 것이 아니다. 그렇기 때문에 우리가 지눌의 시대와 비록 천 년의 세월을 떨어져 있지만, 이 글 속에서 독자는 마음의 본질에 대한 지눌의 명쾌한 증언과 구도자로서의 결연한 자세를 생생하게 느끼고 공감할 수 있을 것이다.

고전을 재번역하는 것은 오늘의 독자들에게 맞는 형식을 갖추는 작업이다. 《정혜결사문》의 번역과 해설 역시 이 책의 주요 독자층인 청소년을 고려해서 원래의 의미가 손상되지 않는 범위 내에서 가급적 쉽게 풀어쓰려고 노력했다. 그것은 간단한 작업이 아니었다. 쉽게 풀어쓴다고 지눌의 본뜻이 왜곡되어서도 안 되겠고, 그 의미를 남김없이 드러내려고 하면 너무 어려워지기 때문이다. 그러다 보니 전문적인 내용은 본래의 의미를 충분히 살리지 못했고, 어떤 부분은 원문에 없는 문장을 덧붙이기도 했다. 말하자면 번역자의 원전에 대한 해석이 지나치게 개입된 셈이다. 원전에 충실한 번역이 아니라는 점에서 아쉬움이 없을 수 없지만, 보다 많은 독자가 지눌의 대표적인 저술에 접근할 수 있는 길을 열었다는 것으로 위안을 삼는다.

《정혜결사문》은 비록 작은 책자지만 독자들이 불교의 근본정신을 이해하는 데에는 오히려 모자람이 없을 것이라고 믿는다. 특히 '주요 용어 해설'과 '들어가기에 앞서'는 불교 사상 전반을 유기적으로 이해하는 데 도움이 될 것이다. 그래도 여전히 모호한 부분이 있다면 그 책임은 전적으로 필자의 나태와 무능에 있을 것이다.

2006년 12월
서정형

주요 용어 해석 — 불교 일반

공

공(空)은 비어 있다는 의미다. 산스크리트어인 순야(sunya)도 같은 뜻이다. 그런데 도대체 무엇이 비어 있다는 것인가? 흔히 공은 공허하다거나 허무하다는 의미로 받아들여져 염세적인 세계관을 나타내는 개념으로 오해되기도 한다. 그것은 공 사상이 중국에서 받아들여질 때 노장 사상의 무(無)와 비슷한 용어로 이해되면서 왜곡된 까닭도 있겠지만, 공이라는 말 자체가 어떤 것의 부재(不在)를 의미하기 때문에 부정적인 인상을 주었다고 할 수 있다.

그러나 비었다거나 존재하지 않는다는 말이 부정적인 인상을 준다고 해서 반드시 부정적인 내용을 담고 있는 것은 아니다. 꼭 필요한 것, 좋은 것이 없다면 문제가 되겠지만 없어야 할 것, 나쁜 결과를 초래하는 것이라면 없는 편이 나을 수도 있다. 불교에서 말하는 공은 뒤의 경우다.

공은 크게 두 가지 의미로 쓰인다. 하나는 마음에 탐욕이나 증오심 등 번뇌가 없다는 의미다. 이는 초기 불교에서 주로 쓰인 용례다. 마음을 비운다든가, 무심(無心)에 가까운 뜻으로서 마음이 외적 요소나 감각적 대상에 의해 흔들리지 않는 평정 상태를 가리킨다. 사람은 대개 외부의 감각적 대상에 집착함으로써 마음의 평정을 잃고 번뇌에 휩싸이게 되는데, 그러한 동요 없이 평화롭고 고요한 마음의 상태를 가리키는 것이 공의 첫 번째 의미다.

다른 하나는 주로 대승(大乘) 불교에서 쓰이는 용법인데 모든 사물에는 실체, 혹은 본질이 비어 있다는 의미다. 우리는 사물을 바라볼 때 습관적으로 그 사물에 어떤 실체가 있다고 여기는 경향이 있다. 즉 구성 요소들이 서로 의존해서 존재하고 있다는 연기(緣起)의 이치를 보지 못하고, 그 사물에 고유한 실체가 있는 것으로 보는 것이다. 그것이 보통 사람들이 사물을 인식하는 방식이다. 사람들은 인간 존재가 정신적이거나 육체적인 요소들의 상호 작용에 불과할 뿐 영속적인 자아와 같은 실체가 존재하지 않는다는 것을 통찰하지 못하고, 자아라는 허상에 얽매여 있기 때문에 자아를 중심으로 대상에 대한 탐욕을 일으킨다. 만약 사물이 연기적으로 형성되기 때문에 실체가 없다는 것을 깨닫는다면 탐욕과 증오심은 생겨나지 않을 것이다.

그러므로 사물에 실체가 없다는 것이 바로 공이라는 진리다. 여기서 실체란 중생이 자기의 욕구로서 대상에 부여한 허위 관념에 불과하다. 중생은 사물을 있는 그대로 보는 것이 아니라 자기의 욕구가 바라는 대로, 즉 보고 싶은 대로 실체성을 부여해서 본다. 따라서 실체가 있는 것이 아니라 공하다는 것이 사물에 대한 바른 인식이다. 공은 우리가 마음대로 부여한 허위 관념의 대상이 존재하지 않는다―비어 있다―는 의미에 불과하다.

이렇게 공은 연기와 불가분의 관계에 있다. 연기는 실체를 부정하는 논리며 공은 그 실체가 비어 있다는 뜻이기 때문이다. 그러나 공은 사물의 실체성을 부정하는 것이지 사물 그 자체를 부정하는 것은 아니다. '영속성'과 '자기 동일성'을 가진 실체는 없지만 사물이 연기적으로 존재하고 있다는 것은 사실이다. 공은 부정의 논리지만 너무 지나치게 부정해서 연기적으로 존재하는 현상 자체를 부정하는 데까지 나아가서는 안 된다. 한 그루의 사과나무는 많은 조건들이 상호 의존해서 – 즉 연기적으로 – 생겨난 것으로서 그 조건들 외에 영속적 실체는 없지만 한 그루의 사과나무로서 엄연히 존재하고 있는 것이다.

무아

불교 철학의 특징적인 개념으로 불교가 인도의 전통 사상과 결별하게 된 분기점을 이룬 개념이기도 하다. 무아(無我)는 불교의 중심 개념인 연기, 공, 무상(無常) 등과 긴밀하게 연관되어 있다. 중요한 만큼 까다로운 개념이어서 종종 오해되기도 한다. 무아와 관련한 논란이 끊임없이 일어나는 것은 많은 부분 불교 전통 바깥에 있는 비판자들의 잘못된 이해 때문이기도 하지만 불교 학자들 간에서도 견해 차이가 심하다.

무아를 글자 그대로 해석하면 '나[자아(自我)]는 없다.'라는 뜻이다. 이것은 상식에 반하는 말이다. 그렇다면 지금 이 글을 쓰고 있는 건 누구인가? 물론 나는 여기 분명히 존재하고 있다. 그러한 소박한 믿음 위에서 우리는 삶을 이끌고 살아간다. 붓다는 이러한 상식적 세계를 거부하지 않았다. 흔히 불교의 가르침이 우리의 경험 세계와는 동떨어진 초월적 세계를 다루고 있는 것으로 생각하는 경향이 있지만 그것은 대부분 오해에서 비롯된 것이다.

여기에 '수레'라고 불리는 물체가 있다고 하자. 수레는 바퀴, 차체, 차틀,

멍에 등등 몇 가지 부속품이 한곳에 결합되어 있는 것이다. 그 부속품을 떠나서 달리 수레가 있는 것은 아니다. 다시 말해서 수레라는 이름은 여러 부속품이 결합된 어떤 물체에 붙인 기호에 불과하다. 즉 여러 가지 구성 요소들에 의존[반연(攀緣)]해서 수레라는 명칭 내지 통칭이 생기는 것이다. 그러나 우리가 보통 수레라고 말할 때에는 은연중 그 부속품 외에 수레라는 이름에 대응하는 어떤 대상이 실체로서 존재한다고 생각한다. 그것은 오랫동안 유전처럼 전해져 온 우리의 오랜 습관이다. 수레라는 이름뿐만 아니라, 그 부속품 중의 하나인 바퀴라는 이름도 마찬가지다. 바퀴는 바퀴살, 축 등이 결합된 물체에 대한 한갓된 이름이다. 바퀴를 구성하는 부속도 역시 마찬가지고, 또 부속을 이루는 그 부속품도 그렇다. 이름은 의사소통을 위한 약속의 체계일 뿐이다.

'나' 혹은 '나의 것'이라는 말을 할 때에도 마찬가지다. '나'라는 것은 나의 몸과 감각, 의식 등 여러 정신적·물질적 요소[불교에서는 이것을 명색(名色) 혹은 오온(五蘊)이라고 한다]의 일시적인 결합에 붙여진 기호다. 그러한 요소들 외에 달리 '나'라는 대명사에 대응하는 것이 없는데도 우리는 그러한 무엇이 실체로서, 영속적인 무엇으로 존재한다고 생각하는 습성이 있다. 그러나 그러한 것은 없다. 이것이 무아의 의미다. 다시 말해서 무아란 우리가 욕구에 의해 가상적으로 만들어 내는 '나의 실체'가 없다는 것이지, 정신적·물질적 결합체로서 기능하는 현실적인 경험의 주체인 내가 없다는 것은 아니다. 그렇기 때문에 실체가 없기는 하지만 편의상 나라는 표현을 쓸 수도 있는 것이다.

불성(佛性)은 부처가 될 수 있는 잠재적 성질, 혹은 깨달음의 본성을 의미한다. 대승 불교에 따르면 모든 중생은 부처가 될 수 있는 가능성을 갖고 있다. 그런데 부처가 되지 못하는 것은 탐욕과 증오와 어리석음 때문이다. 오랜 과거로부터 익혀 온 그릇된 습관 때문에 마음의 본성인 불성이 가려진 것이다. 그것은 마치 밝은 해가 구름에 가려진 것과 같다. 구름에 가려져 있다고 해서 해가 없는 것은 아니다. 구름만 걷히면 해가 드러나듯이 번뇌만 제거되면 불성은 저절로 드러나는 것이다. 이것이 소위 깨달음이다. 그렇기 때문에 깨달음은 자신에게 없던 무엇을 새로이 얻게 되는 것이 아니라 본래 가지고 있던 것을 확인하는 것이다. 여기에 대해서는 경전에 유명한 비유가 있다.

두 친구가 함께 장사를 했는데 어느 날 한 친구가 갑자기 멀리 여행을 떠나게 되었다. 그는 남아 있는 친구에게 같이 번 돈을 남겨 주려고 했으나 그 친구가 깊이 잠에 곯아 떨어져 있었기 때문에 하는 수 없이 친구의 옷자락에 보석을 감춰 두고 떠났다. 잠에서 깬 친구는 자기 옷자락에 보석이 감춰져 있는 줄도 모르고 떠난 친구를 원망하며 거지와 같은 생활을 했다. 몇 년 뒤 떠난 친구가 돌아와 옷자락에 감춰진 보석을 꺼내 주자 비로소 자기가 부자라는 것을 알게 되었다.

이 이야기에서 보석은 중생에게 본래 갖춰져 있는 불성을 비유한 것이다. 자기가 값진 보석을 지니고 있으면서도 그것을 모르고 활용할 수 없다면 그 사람은 거지인가 부자인가? 보석을 소유하고 있기 때문에 거지는 아니지만, 그것을 모르고 쓰지 못하고 있다면 부자라는 것이 무슨 의미가 있는가? 마찬가지로 모든 중생이 본래 불성을 갖추고 있다는 점에서는 부처와 다를 바가 없지만, 그것을 모르기 때문에 윤회(輪廻)의 고통을 받고 있는 것이다. 그런 의미에서 모든 중생이 부처와 같다고 말할 수도 있지만, 여전히 부처는 부처요 중생은 중생인 것이다.

대승 불교에서는 불성의 존재를 확신하는 것을 매우 중요시한다. 불성의 존재를 확신하고 그것을 제대로 보는 것이 바로 깨달음이다. 그런데 불성은 사물이 아니기 때문에 불성을 본다[견성(見性)]고 해서 일반 사물을 보듯이 육안으로 보는 것은 아니다. 불성은 존재하지 않는다고 말할 수도 없지만 다른 사물과 같은 방식으로 존재하는 것은 아니어서 눈에 보이지도 않고 생각으로도 알 수 없기 때문에 말과 글로도 형용할 수 없고[언어도단(言語道斷)] 마음으로 짐작할 수 있는 것도 아니다[심행처멸(心行處滅)].

마음의 본체라고도 할 수 있는 불성은 오히려 마음의 작용을 쉴 때 무념무상(無念無想)의 상태에서 드러난다. 우리가 일반 대상을 인식할 때는 의식을 바깥에 존재하는 사물로 향하지만, 불성은 사물을 향하는 마음 그 자체기도 하기 때문에 마음의 작용이 일단 일어나게 되면 불성을 볼 수 없게 된다. 생각하는 마음의 작용이 있다는 것은 마음의 본체인 불성의 존재를 증명하는 것이지만, 이미 생겨난 생각을 쫓아가서는 불성을 보지 못한다. 마치 칼이 칼을 베지 못하고 손가락이 손가락을 만질 수 없는 것과 같다. 오직 그 생각이 일어나는 근원을 비추어 봄으로써 불성을 확인할 수 있다. 달리 말하면 불성은 번뇌 망상이 쉴 때 드러나는 것이다. 이것이 '빛을 돌이켜 그 근원을 비춘다[회광반조(廻光返照)].'라는 말의 의미다.

불성과 우리가 나날이 경험하는 현상 세계와의 관계는 보통 물과 파도의 관계에 비유된다. 즉 불성과 사물의 관계는 바닷물과 파도처럼 같은 것도 아니고 다른 것도 아니다. 파도는 물에서 생겨난 것이므로 물과 다른 것이 아니다. 그런데 파도라는 현상은 동시에 물이 변화된 양상이기도 하다. 그와 같이 불성과 사물 역시 같은 것도 아니고 다른 것도 아니다. 그런데도 보통 사람들은 사물의 외양만 볼 뿐 동시에 사물에 있는 불성을 보지는 못한다. 파도에 혹해서 파도의 본성인 물을 보지 못하는 것과 같은 것이다.

대승 불교의 최고선이자 궁극적 가치인 불성은 그 맥락과 강조점에 따라 여러 가지 다른 이름으로 불리기도 한다. 지눌이 쓴 《진심직설(眞心直說)》에 따르면 교종(敎宗)에서는 진심(眞心), 심지(心地), 보리(菩提), 법계(法界), 여래(如來), 열반(涅槃), 여여(如如), 법신(法身), 진여(眞如), 총지(摠持), 여래장(如來藏), 원각(圓覺) 등으로 불리고, 선종(禪宗)에서는 자기(自己), 정안(正眼), 묘심(妙心), 주인옹(主人翁) 등의 표현을 쓴다.

사성제

불교란 붓다의 가르침이자 깨달음에 이르는 길이기 때문에 수행 방법론에 대한 가르침이 위주가 된다. 《팔만대장경(八萬大藏經)》과 같은 경전도 결국 실천 수행을 보조하는 수단에 불과한 것이다. 사성제(四聖諦)란 문자 그대로 '네 가지의 거룩한 진리[聖諦, arya sacca]'라는 뜻이다. 붓다의 설법이 사성제에서 시작되었고, 그의 깨달음 이후 45년에 걸쳐 이루어졌던 모든 가르침이 결국은 사성제로 환원된다. 그러나 사성제라는 개념이 불교 사상의 핵심을 모두 담고 있다고 해서 우리의 상식을 뛰어넘는 불가해한 것은 아니다. 사성제는 붓다가 말했기 때문에 진리라고 불리는 것이 아니라 누구든지 일정한 수행을 거친다면 경험할 수 있다는 의미에서 진리라고 불리는 것이다.

고성제(苦聖諦)·집성제(集聖諦)·멸성제(滅聖諦)·도성제(道聖諦)로 이루어진 사성제는 고성제를 중심으로 구성되어 있다. 즉 모든 것은 괴로움이라는 진리, 그 괴로움이 발생하는 근본 원인을 알면 괴로움은 소멸될 수 있다는 진리, 괴로움의 소멸에 이르는 길에 관한 진리가 사성제의 내용이다. 세상의 괴로움[고(苦)]은 '나고[생(生)]·늙고[노(老)]·병들고[병(病)]·죽는 것[사(死)]', '싫어하는 것과의 만남', '좋아하는 것과의 헤어짐', '구해도 얻지 못함' 등과 같은 것으로 우리가 쉽게 경험할 수 있는 것이다.

하지만 '고'가 함축하고 있는 의미는 이러한 괴로움이나 불만족스러움보다 훨씬 포괄적인 것이다. 불교에서 규정하는 인간 존재를 구성하는 요소는 크게 육체[색(色)], 느낌[수(受)], 이성·지각[상(想)], 의지·성향[행(行)], 정신·의식[식(識)] 등 다섯 가지다. 이것을 오온이라고 한다. 이 오온은 그 자체가 무상하게 변하는 것이며 불변하는 자아가 아니다. 이렇게 무상하게 생성·소멸하고 있는 오온의 작용을 자기라고 여기고 집착하는 것이 그 자체로 괴로움이라는 것이 고성제의 의미다. 본질적으로 무상한 오온을 자아로 여기기 때문에, 우리는 끊임없이 근심하고 불안해하며 고통을 받는다. 늙기 싫고 병들기 싫으며, 죽기도 싫고 명예와 재물을 잃고 싶지 않은 것이 자아의 의지지만, 그러한 것들은 무상하기 때문에 자아의 뜻에 어긋나는 것이며 그것이 괴로움을 낳는 것이다.

그렇다면 그러한 괴로움이 발생하는 근본 원인은 무엇일까? 모든 형태의 괴로움을 불러 일으키고 윤회를 계속하게 하는 것은 여러 가지 유형으로 나타나는 우리의 탐욕과 갈망이다. 감각적 쾌락에 대한 욕망, 그리고 존재하려고 하는 욕망 등으로 인해 괴로움이 발생하는 것이다. 그렇지만 그러한 욕망 역시 감각적 쾌락을 탐하는 데에서 일어나며, 근본적으로는 무명(無明, 진리에 대한 무지)에 의해서 생겨나는 것이다. 이것이 집성제다.

괴로움의 발생이 이처럼 연기적으로 이루어진 것이라면 반대로 우리는 욕망이나 감각, 접촉, 그리고 궁극적으로는 무명을 제거해 버림으로써 우리가 안고 있는 괴로움을 제거할 수 있을 것이라고 추론할 수 있다. 이와 같은 괴로움의 소멸 또는 그러한 경지를 의미하는 것이 멸성제다.

그렇다면 이제 그러한 괴로움의 소멸에 이르기 위한 구체적인 실천 방법이 요청된다. 붓다는 그것을 '여덟 가지 바른길[팔정도(八正道)]', 즉 정어(正語, 바른 말)·정업(正業, 바른 행위)·정명(正命, 바른 직업)·정정진(正精進, 바른 노력)·정념(正念, 바른 알아챔)·정정(正定, 바른 집중)·정견(正見, 바른 견해)·정사유(正思惟, 바른 사유)를 통해 제시해 주었고 그것이 괴로움을 소멸하는 길을 밝히는 도성제다.

삼학

석가모니는 불교의 궁극적 목적인 열반에 이르기 위한 길을 여덟 가지 바른길인 팔정도로 제시했다. 그 팔정도를 요소별로 다시 분류해 보면 계율(戒律)과 선정(禪定) 그리고 지혜(知慧)[계정혜(戒定慧)]의 삼학(三學, 세 가지 배움)이 된다. 즉 팔정도의 '정어·정업·정명'은 계율을 통한 배움[계학(戒學)]에, '정정진·정념·정정'은 선정을 통한 배움[정학(定學)]에, '정견·정사유'는 지혜를 통한 배움[혜학(慧學)]에 속한다고 할 수 있다. 따라서 계정혜 삼학은 '괴로움으로부터의 자유'를 이루기 위한 구체적인 수행 방법인 동시에 붓다의 가르침에 따라 해탈을 추구하는 사람이 배우고 지켜야 할 내용인 것이다.

계율은 우리의 근본적인 어리석음으로 인해 그동안 반성 없이 저질러 왔던 몸과 마음의 잘못을 다시 저지르지 않게 하는 행위므로 선정과 지혜의 기초라 할 수 있다. 현생(現生, 지금의 생)의 모든 행위는 전생(前生, 앞의 생)의 행위로 인한 업(業)이 드러나는 것이며, 동시에 내생(來生, 다가올 생)에서의 삶을 조건 지우는 새로운 업이 된다. 계율은 원래 계(戒, sila)와 율(律, vinaya)의 합성어다. 계는 출가자나 재가자가 따라야 할 넓은 의미의 도덕적 규범을 가리키고, 율은 교단을 유지하기 위해 출가자가 지켰던 행동 규범을 가리킨다. 그러던 것이 뒤에 계와 율을 붙여서 한 단어같이 쓰게 되었다. 이런 의미의 계율은 다시 두 가지로 나누어 생각해 볼 수 있다.

첫째, 그릇되고 나쁜 것을 방지하는 금지 조항이다. 이것은 부처의 가르침을 따르기로 한 재가 신도나 출가 승려라면 반드시 지켜야 하는 계율이다. 즉 이러한 계율을 지킴으로써 불교 교단은 다른 집단과 구별된다. 그렇지만 계율이 이처럼 금지의 조항으로만 이루어진 수동적이고 소극적인 성격만 있는 것은 아니다. 둘째, 모든 선행을 받들어 행하는 계율이 있다. 이것은 주어진 계율의 준수에만 머물지 않고 적극적으로 선을 행할 것을 권하는 것이다. 이러한 적극적인 계율의 실천이 자비라는 불교의 도덕적 이상에 보다 더 잘 부합한다고 할 수 있다.

선정은 평소의 산란한 마음을 일정한 대상에 집중함으로써 고요한 가운데 진리를 관찰하게 하는 수행 방법을 말한다. 평상시 우리의 삶은 전생에서의 그릇된 행위로 인한 업으로 잠시도 멈춤이 없는 번뇌에 시달리게 된다. 그러한 번뇌는 우리 자신과 사물의 실상을 파악하지 못하도록 막고 있으며, 또한 끊임없이 그릇된 행위를 계속하게 함으로써 우리를 윤회의 질곡으로부터 벗어나지 못하게 한다. 이와 같은 번뇌에 흔들리지 않도록 고요한 마음의 평화를 지켜 주는 것이 바로 선정이다.

지혜는 세계의 참모습에 대한 무지와 미혹을 깨뜨려서 있는 그대로의 진실을 깨닫는 것을 말한다. 지혜는 붓다가 깨달은 이 세계의 진실한 모습에 대한 통찰을 말한다. 그렇지만 선정과 지혜는 분리될 수 있는 것이 아니다. 흔히 선정과 지혜를 등불과 등불에서 비치는 빛에 비유하기도 하는데, 이는 바른 선정으로부터 지혜가 나오고, 지혜는 선정을 근본으로 한다는 의미다.

업

업은 산스크리트어 카르마(karma)의 번역어로 행위를 의미한다. 그리고 불교를 포함해서 대부분의 정통 인도 사상에서 행위는 그에 상응되는 결과를 낳는 힘을 갖는 것으로 이해되고 있다. 일반적으로 행위는 신체적 동작, 언어, 생각으로 구분할 수 있는데 인도 전통 사상에서 모든 행위는 현재의 삶이 아니면 다음 삶에서라도 반드시 열매를 맺게 된다고 믿어진다. 이것이 소위 인과응보(因果應報)로서 '착한 행위의 결과는 즐겁고 악한 행위의 결과는 괴롭다[선인낙과 악인고과(善因樂果惡因苦果)].'라는 명제로 정리될 수 있다. 인간의 업은 해탈을 방해하는 가장 큰 힘으로 인간을 윤회의 굴레에 묶는 것이 다름 아닌 업이다.

한편 업은 개별적 인간의 실존적 모습이며 그 특성을 보여 주는 것이기도 하다. 사람의 성격과 개체적 인격으로서의 성향은 오랜 과거의 삶으로부터 반복되어 온 행위에 의한 것으로 특정한 사람이 특정한 방식으로 생각하고 말하고 행동하고 세계를 인식하고 해석하는 것도 모두 업의 힘이다. 이런 의미에서 세계는 중생의 업의 힘이 만들어 낸 것이라고 할 수 있다.

업이 형성되는 구조는 내재적인 동시에 순환적이다. 어떤 사람이 어떤 행위 – 신체적·언어적·심리적 행위 – 를 한다면 그 행위의 결과는 의식적으로나 무의식적으로 내면화되어 자신의 성향, 혹은 잠재적인 에너지의 형태로 무의식 깊숙이 저장된다. 이렇게 내재화된 성향 내지 에너지는 적절한 조건이 형성되면 다시 행위로 드러나게 되고, 이렇게 행위로 드러난 업은 다시 좀 더 강화된 형태로 내재화된다.

　예를 들면 화를 잘 내는 성향을 가진 사람은 분노를 터뜨릴 조건이 되면 화를 내고 싶은 업의 힘을 억제할 수 없을 만큼 강하게 느낀다. 이 경우 대부분 화를 내게 되는데, 이런 식으로 반복되면서 화를 잘 내는 성향이 한층 강화된 형태로 굳어진다. 그렇기 때문에 성향 자체를 업이라고 하기도 한다. 아마도 우리의 일상 습관이나 버릇을 생각하면 이해하기가 쉬울 것이다. 업의 법칙이 버릇과 다른 것은 시간적으로 한없이 먼 과거의 삶으로부터 축적되어 왔다는 점과 대부분이 무의식에 잠재되어 있다는 점이다.

　그러나 업이 구체적인 결과로 드러나는 형태는 매우 다양하며, 그 법칙 또한 복잡하다고 한다. 경전에 의하면 한밤중에 길을 가던 승려가 바나나 껍질을 밟았는데, 그 승려는 자신이 개구리를 밟은 것으로 착각해서 몹시 괴로워하다가 결국 그 업보로 인해 좋지 못한 세계에 태어나게 되었다는 이야기가 있다. 이 일화는 신체·언어·심리의 세 가지 행위 중에서 심리적인 요인, 즉 의도를 가장 중요한 요소로 보고 있다는 것을 의미한다. 또 다른 초기 경전에 따르면 어떤 사람이 전생에 실수로 누구를 죽였는데 이번 생에서는 반대로 그때 죽은 사람이 다시 실수로 그 사람을 죽이게 되었다고 한다. 이 경우로 볼 때에는 의도가 중요하다기보다 업이 어떤 기계적인 법칙에 의해 작용하는 것 같은 생각이 든다. 이렇게 업이 작용하는 양상은 단순하지 않고 복잡하다고 할 수 있다.

　업에는 개별적인 업과 공동체의 업이 있다. 개별적인 경우에는 윤회를 통해 개인적인 행위의 결과를 그 자신이 받는 것이고, 공동체의 경우에는 일정한 단위의 공동체가 특정한 업을 함께 받는 것을 말한다. 예를 들면 어떤 사회에서 환경을 오염시켰을 때 그 결과를 공동 운명체로서 모두가 함께 받는 것과 비슷한 경우다. 그런 의미에서 가족 단위의 업, 같은 민족으로서의 업, 인류 공동체로서 공유하는 업이 있을 수 있다.

연기

'나는 누구며 어디서 와서 어디로 가는가? 또한 세계는 어떻게 존재하게 되었으며, 어떻게 변화하고 소멸해 가는가?' 인류의 모든 종교와 철학은 이 근본적인 물음에 대한 끊임없는 탐색의 소산이라고 할 수 있다. 그 대답 가운데 하나가 소위 창조설이다. 전지전능한 신이나 절대자 브라만에 의해 인간과 세계가 창조되었다는 주장이다. 혹은 도(道)와 같은 근본 원리에 의해 천지 만물이 생성·변화·소멸한다고 보는 사상도 있다. 이들 사상은 모두 일종의 절대적 창조론의 사고 유형을 대표하는 것이라고 할 수 있다. 초월적이고 절대적인 존재나 원리로서 이 세계의 생성과 소멸을 설명하려고 하는 것이다. 그러나 불교의 우주관과 인간관은 이와 다르다. 존재하는 모든 것은 직접적인 요인과 간접적인 요인이 서로 의존해 생겨난다는 것이다. 따라서 사물을 구성하는 요소 외에 어떤 절대자나 근본 원리도 인정하지 않는다.

뜰 앞에 있는 사과나무 한 그루를 예로 들어 보자. 사과나무는 사과의 씨로부터 생겨난 것이다. 이때 사과의 씨는 사과나무가 형성되는 직접적 원인이다. 그런데 이 씨는 수분, 토양, 햇빛 등의 간접적 요소에 의존해야만 사과나무로 성장할 수 있다. 만약에 이 중에서 어느 한 가지라도 존재하지 않는다면 사과나무는 존재할 수가 없다. 따라서 사과나무는 씨라는 직접적 요소와 그것의 발아와 생장을 돕는 여러 가지 간접적 요소의 상호 작용에 의해 생겨난 것이지 사과나무의 본질이나 신의 손길 같은 것에 의해 생겨난 것이 아니다.

이 점은 수분이나 토양 등의 요소에도 똑같이 적용된다. 수분 역시 산소와 수소가 서로 결합해 존재하게 된 것이고 토양 역시 무수한 요소가 서로 의존적으로 결합해서 존재하게 된 것이다. 이 세상에 존재하는 모든 사물은 마치 들판에 세워 놓은 볏단과 같이 구성 요소들이 서로 기대고 있음으로써 존재하는 것이다. 말하자면 어떤 사물은 그것이 아닌 것들로부터 성립되며, '나'도 '나 아닌 것'들로 이루어져 있다. 그리고 세워 놓은 볏단 중에서 하나를 빼면 볏단 전체가 무너지듯이, 어떤 사물을 구성하는 요소 중 하나가 사라지면 그 사물 역시 존재할 수 없게 된다.

석가모니가 보리수 아래에서 깨달음을 얻었다고 할 때, 그 깨달음은 바로 이 연기의 진리에 대한 깨달음에 다름 아니다. 즉 연기는 석가모니가 얻은 깨달음의 본질적인 내용이라 할 수 있다. 그것은 석가모니의 편견 없는 지혜에 의해 밝혀진 이 세계의 실상이다. 연기 사상을 통해 석가모니가 말하려고 하는 것은 만물을 생성하고 주재하는 초월적 존재도 없고, 또 만물에 내재하는 영속적이고 불변적인 실체나 본질 같은 것은 존재하지 않는다는 점이다. 석가모니는 실제로 존재하지 않는 초월적인 존재나 불변하는 실체 등에 대한 그릇된 믿음이 세계에 대한 바른 이해를 가로막고, 무엇보다도 이런 잘못된 이해로 인해 모든 괴로움이 생겨난 것이라고 보았다. 연기 사상은 세계에 대한 바른 인식이며, 바른 인식이야말로 깨달음에 이르는 길이라고 본 것이다. 그렇기 때문에 '연기의 이치를 보는 사람은 진리를 본다.'라고 말한 것이다.

석가모니 이후 연기에 대한 해석은 다양하지만 근본 이치는 다르지 않다. 그 가운데 화엄(華嚴)의 "끝없이 중첩되어 있는 연기적 실상"은 우주에 존재하는 모든 존재가 마치 그물과 같이 서로 얽혀 있다는 것을 보여 준다. 쌀 한 톨이 생성되기 위해서 가까이는 물과 흙과 햇빛과 농부의 수고로움이 있어야 하지만 다시 그들이 존재하기 위해서는 또 다른 요소를 필요로 한다. 이런 식으로 유추해 가면 결국 이 세상의 모든 것이 쌀 한 톨의 생성에 참여하고 있다는 사실을 알게 된다. 이렇게 연기설은 형이상학적인 사변으로 구성된 이론 체계가 아니라 관찰에 의해 밝혀낸 객관적인 진리라고 할 수 있다.

열반

열반의 사전적 의미는 '불이 꺼진 상태[nirvana]'며, 그것은 곧 일체의 괴로움이 사라진 상태를 뜻한다. 혹은 탐욕, 증오, 어리석음 등 근본적인 모든 번뇌가 사라진 상태를 뜻하기도 한다. 하지만 이렇게 소극적이고 부정적인 어법으로 표현될 뿐만이 아니라 시원한 상태, 행복한 상태 등 적극적인 표현을 쓰기도 한다.

결국 이 두 가지 표현이 가리키는 바는 같다. 불길이 꺼졌으므로 시원하고 괴로움이 소멸되었으므로 평화롭고 행복한 상태가 곧 열반이라고 할 수 있다. 석가모니가 출가한 목적이 인생의 괴로움으로부터 벗어나는 것이라고 할 때, 그 괴로움의 완전한 소멸인 열반이야말로 불교의 궁극적 목적인 동시에 최고의 가치라고 할 수 있다.

석가모니에 의하면 인간의 모든 경험은 열여덟 가지[십팔계(十八界)]로 압축된다. 즉 눈, 귀, 코, 혀, 몸, 마음 등 여섯 가지 지각 기관과 그 대상인 색, 형태, 냄새, 맛, 촉감, 생각 등 여섯 가지 지각 기관의 대상, 그리고 지각 기관과 그 대상 사이에서 발생하는 여섯 가지 의식을 합해 열여덟 가지가 되는데 이것이 인간이 알 수 있는 경험의 총체다. 그런데 이러한 경험 요소들이 탐욕과 증오와 어리석음 등 번뇌에 의해 불타고 있기 때문에 괴로움과 윤회가 있게 된다는 것이다. 이러한 불길이 꺼진 상태를 열반이라고 하기 때문에 열반에 든 이후에도 우리의 일상적 삶의 토대는 그대로 유지된다. 다만 번뇌의 불길이 꺼짐으로서 번뇌와 업력에 의해 왜곡되지 않은 세계의 실상이 드러나는 것뿐이다.

흔히 승려의 죽음을 말할 때 열반했다는 식으로 표현하는 경우가 있으나 그것은 본래의 의미가 변했거나 미화된 경우라고 할 수 있다. 승려가 죽는다고 해서 모두 열반의 경지에 도달하는 것도 아니며, 살아 있는 도중에도 번뇌를 제거해 괴로움을 벗을 수 있으므로 반드시 죽어야만 열반에 드는 것도 아니다. 그런데 깨달은 사람이 죽은 뒤에는 어떻게 되는가? 열반이란 윤회로부터의 해탈이기 때문에 윤회하지 않는다는 것은 곧 다시 태어나지 않음을 의미하기 때문이다. 다시 태어나지 않을 뿐 아니라 깨달은 사람은 죽는 순간에 일체의 육체적·정신적 요소가 완전히 소멸한다고 한다. 그러면 그 사람은 도대체 어디로 가는가? 석가모니 생존 당시에도 이 문제에 대해 질문을 한 제자가 있었다. 이에 대한 석가모니의 대답은 우선 그러한 질문 자체가 부적절하다는 것이었다. 그리고 제자에게 되묻는다.

"여기에 모닥불이 타고 있다. 그런데 그대가 땔감을 계속 대지 않으면 그 불을 어떻게 되는가?"

"불은 꺼질 것입니다."

"그러면 그 불은 어디로 갔는가? 동으로 갔는가, 서로 갔는가, 북으로 갔는가?"

"불이 어느 쪽으로 간 것이 아니라 탈 것이 없어서 그냥 꺼졌을 뿐입니다."

"깨달은 사람 또한 그와 같다. 그 사람에게는 더 이상 번뇌가 없으므로 정신적·육체적 요소가 존재하지 않을 뿐이다."

깨달은 사람이 죽은 뒤에 어떻게 존재하는가 하는 물음에는 이미 '특정 시간'과 '특정 공간'을 결정해 달라는 요구가 포함되어 있다. 그러나 깨달은 사람은 이미 시공(時空)의 제약을 벗어난 존재므로 그러한 시공의 형식으로 규정될 수 없다는 것이 석가모니의 대답이다.

육바라밀

육바라밀(六波羅密)은 여섯 가지의 바라밀이라는 뜻으로 바라밀은 산스크리트어 파라미타(paramita)의 음역이다. 파라미타는 '깨달음의 저 언덕으로 건너가는 길', 혹은 '완전한 성취'라는 의미를 지닌다. 따라서 육바라밀은 '깨달음에 이르는 여섯 가지 길'이라고 할 수 있다. 여기서 깨달음에 이르는 여섯 가지 길은 각각 보시바라밀(布施波羅密, 남에게 재물이나 가르침을 베푸는 것)·지계바라밀(持戒波羅密, 계율을 지키는 것)·인욕바라밀(忍辱波羅密, 모욕을 참고 노여움을 일으키지 않는 것)·정진바라밀(精進波羅密, 악한 일을 멀리하고 선한 일을 하는 것)·선정바라밀(禪定波羅密, 마음을 집중해 산란하지 않는 것)·지혜바라밀(智慧波羅密, 사물의 참된 모습을 있는 그대로 직관하는 것)이다.

삼학이 해탈에 이르기 위한 불교 일반의 수행 방법이라고 하면, 육바라밀은 대승 불교의 수행 방법이라고 할 수 있다. 해탈에 이르는 길로 석가모니가 제시한 것은 여덟 가지 바른길과 그것의 다른 표현인 계율과 선정 그리고 지혜의 삼학이었다. 육바라밀 역시 그 내용상 계정혜 삼학의 내용을 그대로 담고 있다. 그러나 언뜻 보기에도 육바라밀은 계정혜 삼학을 보다 확대한 개념임을 알 수 있다. 이것은 불교의 역사적 발전 과정에서 삼학 중 어떤 요소를 특별히 강조하고 발전적으로 분화시킬 필요가 생겼기 때문에 등장했던 것이다. 그 결과 정통의 삼학을 대체하며 나온 개념이 육바라밀이라고 할 수 있다.

불교 교단은 석가모니의 입멸 뒤 백 년이 지난 무렵부터 계율과 교리를 둘러싼 이견이 발생해 분열하게 된다. 따라서 각 분파는 석가모니의 가르침에 대해서 독자적이면서도 전문적인 연구를 진행하게 되었다. 그 과정에서 불교의 이론은 복잡해지고 난해하게 되었으며, 석가모니의 경험적이고 실제적인 가르침은 다소 관념적인 색채를 띠게 되었다. 이런 관념적인 이론이 일반 대중을 소외시키기에 이른 것은 당연한 일이었다. 이때 석가모니의 근본정신을 되찾고자 일어난 움직임이 소위 대승 불교다. 대승을 추구한 사람들은 대중을 소외시킨 채, 자기 혼자만의 열반을 추구하는 아라한(阿羅漢)의 길을 소승(小乘)이라고 비판하면서 자신의 깨달음을 추구하면서 중생을 제도(濟度, 고해의 바다를 넘어 해탈의 길로 인도함)하는 길, 즉 자기도 이롭고 남도 이롭게 해 주는[자리이타(自利利他)] 보살을 이상적인 인간상으로 부각시켰다. 따라서 육바라밀은 아라한과 차별화된 보살을 위한 수행도로서 출현하게 된 것이다.

그리고 자리이타를 목표로 하는 보살에게 기존의 계정혜 삼학에 비해 이타적 덕목이 더 선명하게 부각되는 것은 당연한 결과였다. 물론 전통적인 삼학에 이러한 이타적 요소가 결여되어 있다고 한다면 그것 역시 지극히 부당한 말이 될 것이다. 다만 여기서 이타적 요소를 강조한 것은 수행인에게 이타행(利他行)을 분명하게 인식하고 수행하라는 점을 각성시키기 위한 것이었다. 기존의 지계라는 덕목에 새로이 수행인의 덕목으로 추가된 것이 보시와 인욕, 그리고 정진이었다.

그렇다면 어떻게 보살에게 이러한 이타적 덕목이 가능했던 것일까? 그것은 세계의 실상에 대한 바른 이해가 있기 때문이다. 모든 존재는 나와 연기적으로 관계하고 있으며, 관계의 그물을 벗어나 독립적으로 존재하는 것은 하나도 없다. 이와 같이 사물에 대한 연기적 인식이 바로 지혜바라밀이며, 보살의 이타적 수행은 이러한 지혜를 바탕으로 하고 있다. 모든 것이 상호 의존해서 존재한다는 연기적 진리는 곧 모든 사물에 고정된 본질이 없다는 공의 이치와 서로 통한다. 우리가 대립적으로 생각하고 있는 '자기와 남', '부처와 중생', '윤회와 열반'은 모든 것이 공하다는 진리의 빛 아래 서로 다르지 않은 것이다.

윤회

윤회란 중생이 존재하는 모든 세계인 삼계(三界) 안에서 삶과 죽음을 거듭하며 몸을 바꾸어 가는 것을 의미한다. 삼계는 감각적 욕망의 세계인 욕계(欲界)와 거친 욕망으로부터 벗어났으나 아직 형상에 대한 집착이 남아 있는 색계(色界)와 형상으로부터도 완전히 벗어난 순수 정신적 세계인 무색계(無色界)를 이르는 말이다. 불교적 세계관에 의하면 인간이 사는 세계는 삼계 중에서도 가장 낮은 욕계 가운데 위에서 두 번째 지위에 있다. 인간의 위에는 하늘 사람이라는 의미의 천인(天人)의 세계가 있고, 인간 세계의 아래로는 차례대로 싸움을 즐기는 아수라(阿修羅)의 세계, 짐승의 세계인 축생(畜生)의 세계, 배고픈 귀신인 아귀(餓鬼)의 세계, 그리고 마지막으로 여러 가지 지옥(地獄)의 세계가 있다.

불교에서 말하는 해탈이란 이러한 삼계 자체를 벗어나는 것을 의미한다.

무색계의 존재라고 할지라도 그곳에 태어나게 만든 조건, 즉 인연이 다하면 다시 그의 업에 따라 다른 곳에 태어나야 하기 때문이다. 삼계가 실제로 존재하는지, 그리고 모든 존재가 이러한 세계를 떠돌며 윤회를 하는지 등의 문제는 과학적으로 검증되어 있지 않다. 과학 실험에서와 같이 윤회의 경험을 재연할 수 없기 때문이다. 그러나 지금까지 인류에게 알려진 방식으로 검증할 수 없다고 해서 그것이 윤회하지 않는다는 증거가 될 수는 없다. 다시 말해서 윤회가 증명되지 않는다고 해서 윤회하지 않는다는 것이 증명되었다는 말은 아니다. 윤회하지 않는다는 증거 역시 제시할 수가 없기 때문이다. 그렇기 때문에 윤회는 현재로서는 믿음의 문제로 귀착된다. 그러나 이러한 믿음은 바른 이치와 개연성에 대한 확신으로서 초월적 존재에 대한 맹목적 믿음과는 다르다.

윤회와 관련해서 흔히 의문을 품는 것은 동일한 존재가 계속해서 윤회하는가 하는 점이다. 예를 들면, A라는 사람이 죽어 B라는 사람으로 태어나거나 동물이 되었을 경우 이들은 같은 존재인가 아니면 전혀 다른 존재인가? 특히 불교에서는 '영속적인 자아가 존재하지 않는다.'라고 해서 무아 윤회를 주장하고 있기 때문에 논란의 여지가 있었던 것이다. 이 문제에 대한 불교의 대답은 같지도 않고 다르지도 않다는 것이다. 비유를 들면 A라는 양초의 촛불을 B라는 양초에 옮겨 붙일 때 A의 촛불과 B의 촛불은 같은 것도 아니고 다른 것도 아닌 것과 같은 이치라는 것이다. B의 촛불이 A로부터 옮겨온 것이라는 관점에서 보면 같은 촛불이라고 할 수 있겠지만, B의 촛불이 B의 파라핀이 연소되면서 타는 것이기 때문에 A의 촛불과 같다고 할 수도 없는 것이다.

그러므로 윤회를 믿는 사람의 경우, 전생과 내생은 어제와 내일과 같이 엄연한 사실의 영역에 속한다. 인생을 일회적인 것으로 받아들이는 사람보다 윤회를 통한 존재의 끝없는 연속을 생각하는 사람의 인생관은 다를 수밖에 없다. 이 말은 윤회를 믿는 사람들, 예컨대 인도 사람들이 반드시 현세 부정적이거나 터무니없이 낙관적이라는 의미는 아니다. 윤회를 믿는 사람의 경우 내생에서의 삶의 질이 전적으로 현생의 삶에 의해 좌우되므로 어떤 이유에서든 현재의 삶을 소홀히 할 수 없다. 즉 윤회를 믿음으로 해서 오히려 현재의 삶을 소중히 여기고 삶에 더 충실할 수 있는 것이다. 그런 의미에서 윤회 사상은 자기의 인생에 대한 무한 책임의 논리지 이승에 대한 염세주의라고 볼 수만은 없다.

주요 용어 해설 - 선 불교

교종

　교종이란 선종과 상대적인 개념이다. 진리란 본래 번잡한 것이 아니지만 진리가 이 세상에서 드러나는 방식은 다양하다. 붓다의 가르침이 교종과 선종으로 나누어진 것도 중국 전제 왕권의 수차례에 걸친 불교 탄압에서 그 원인의 일단을 찾아볼 수 있다. 일반적으로 교종은 경전과 논저의 개념과 사상을 이론적으로 분석하고 정리해 체계를 세우는 모든 종파를 통칭하는 이름이다. 그래서 사원 건물과 경전 등 물질적 토대에 의존적이다. 그래서 대규모 불교 탄압을 거치며, 비교적 그러한 조건에서 자유로웠던 선종이 도회를 떠난 산림에서 명맥을 유지했던 것이다. 정신적으로는 선종 역시 그 연원을 붓다 석가모니로 소급시키지만 종파로서의 모양새를 갖추기 시작한 것은 당(唐)나라 시대 이후다. 교종은 선종이 세력을 얻은 이후에 선종에 상대되는 이름으로 주로 쓰였다. 교(敎)는 부처님의 말이며 선(禪)은 부처님의 마음이라 했으니, 교종과 선종의 차이는 내용의 차이라기보다는 형식의 차이요, 방법론의 차이에 불과하다.

선종은 6세기 초 인도에서 중국으로 온 보리 달마(菩提達摩)를 첫 시조로 해 성립된 종파로 참선 수행을 통해 불성을 체득해서 깨달음에 이르고자 하는 전통을 총칭하는 말이다. 이것은 경전에 대한 이론적 탐구를 위주로 하는 교종에 대비되는 개념이기도 하다. 우리나라에서는 고려 시대부터 조선 시대에 이르기까지 선종과 교종이라는 분류법으로 불교계의 두 흐름을 구분했다.

선은 인도 산스크리트어인 디야나(dhyana)의 음을 딴 것이다. 디야나는 '깊이 생각한다.'·'내적으로 직관한다'·'고요히 관찰한다.'라는 의미다. 그러니까 석가모니가 깨달은 진리를 깊이 생각하고 관찰해서 체득한다는 것이 선의 일차적인 의미다. 불교의 방대한 교리 체계는 대장경이라는 이름으로 집대성되어 있다. 여기에는 석가모니의 직접적인 가르침과 뒤에 그것을 해석한 것이 함께 기록되어 있다. 석가모니의 가르침이 이렇게 문자로 기록된 것을 이론의 체계라고 한다면, 선은 그 가르침의 실천 행위라고 할수 있다.

아무리 불교의 이론에 대한 지식이 풍부해도 부처님의 마음을 깨치지 못하면 아무 소용이 없다. 부뚜막에 있는 소금도 집어 넣어야 짜다는 말이 있다. 이론이란 마치 소금에 대해 이렇게 저렇게 분석한 것과 같다. 소금의 성분과 그 짠맛에 대해서 설명한 책을 암기하고 며칠 동안 토론한다고 해서 짠맛을 알 수 있는 것은 아니다. 소금의 짠맛을 알기 위해서는 단지 손으로 집어 먹는 실행이 필요할 따름이다. 불교가 인간을 자유롭게 하는 훌륭한 가르침이라고 해도 몸소 실천을 통해 삶을 변화시키지 못한다면 배고픈 사람이 밥을 먹을 생각은 않고 밥 이야기만 하고 있는 것과 다를 바가 없다. 그러나 그렇다고 해서 교학이 불필요하다는 것은 아니다. 교학은 선의 이론적 근거로서 실천의 방향을 제시하는 것이기 때문에 양자는 수레의 두 바퀴와 같이 상호 의존적인 관계에 있다.

실천 수행을 전면에 내세운 선이 하나의 종파로서 나타난 것은 중국의 당나라 중기 무렵이었다. 선종은 그 이전의 중국 불교가 지나치게 교학 중심으로 흐른 것에 대한 일종의 자기반성과 비판으로 이해할 수 있다. 또한 선종은 의례나 경전에 대한 의존도가 비교적 낮기 때문에 불교가 억압받던 시기에도 명맥을 유지할 수 있는 생명력을 지닐 수 있었다. 중국에서 내건 선종의 기치는 다음과 같은 주장에 명료하게 나타난다.

교학 밖에 따로 전한 가르침이 있으니 문자에 근거한 것이 아니다.
단지 사람의 마음을 바로 가리킴으로써 마음의 본성(불성)을 보게 해 깨달음을 이루게 한다.

그러면 선은 어떻게 사람의 마음을 바로 가리키는가? 선 불교에서 말하는 깨달음을 견성이라고 하는데 이 말은 마음의 본성, 즉 불성을 본다는 뜻이다. 즉 선 불교의 어법에서 깨달음은 불성을 본다는 의미다. 그런데 이 세상의 모든 존재는 본래 밝고 깨끗한 불성을 가지고 있다. 다만 어리석음으로 인해 탐욕과 증오심 등 번뇌를 일으켜 불성을 보지 못하고 있을 뿐이다. 그러므로 선 불교의 가르침에서는 모든 중생이 본래부터 불성을 가지고 있다는 사실을 강조한다. 불성에 대한 확신이야말로 선 불교에서 가장 중요하게 여기는 덕목이다.

선 불교 수행의 핵심은 불성에 대한 확신에서 출발해 그것을 체험적으로 확인하는 것이다. 따라서 스승의 역할은 가능한 모든 방법을 동원해서 제자로 하여금 불성을 보게 하는 것이다. 선 불교의 수행자가 참선과 같은 방법을 통해서 일체의 사고 작용을 끊고 화두(話頭)에 몰두하는 것은 모두 마음의 본체(불성)를 보기 위한 것이며, 선사(禪師)의 선 문답이나 그 밖의 언어 동작은 사유와 분별 작용이 일어나기 이전의 불성을 수행자가 깨치도록 도와주는 것이다.

이 책 《정혜결사문》에서 지눌이 강조한 것도 이런 선 불교의 깨달음을 바탕으로 수행하자는 것이다. 그 이유는 중국 송(宋)나라 때와 마찬가지로 고려 불교가 초기에는 선종 중심으로 형성되었지만 뒤에 교학 중심이 되면서 수행보다는 현세에 지나치게 집착하는 것에 대한 자기반성과 비판이 일어났기 때문이다. 그러나 지눌은 교학 자체를 부정한 것은 아니어서 선정과 지혜를 통해 깨달음을 얻는 돈오(頓悟, 단박의 깨달음)와 지속적인 수양과 학문 연마를 강조한 점수(漸修, 점차로 닦아 나가는 것)를 같이 할 것을 주장했다.

| 화두 |

화두의 사전적 의미는 '이야기[화(話)]'다. 이야기되 불교의 근본 진리를 묻는 물음에 대한 선사의 대답이거나, 혹은 제자를 깨달음으로 이끄는 언어와 행동을 일컬어 화두라고 한다. 그러나 오늘날 이 말은 선 불교의 전유물에서 벗어나 일상적인 삶에서 지속적인 관심이나 몰입의 대상이라는 의미로 쓰이기도 한다.

화두는 기본적으로 어떤 물음에 대한 대답이라는 형식을 띠고 있다. 그 물음이란 불교의 근본 진리, 혹은 석가모니의 가르침의 핵심은 무엇인가에 관한 것이다. 대개 '달마가 서쪽에서 온 까닭은 무엇인가', 혹은 '부모로부터 태어나기 전의 본래 면목은 무엇인가' 등 다양한 물음의 형태를 갖는다. 이것은 불교의 핵심적인 진리를 묻는 것이기 때문에 조금이라도 부정확해서는 안 되며, 불교를 수행해 깨달음을 구하는 사람이라면 반드시 알아야 하는 것이다. 그래서 화두를 공안(公案)이라고도 한다. 공안이란 관청의 공문서를 말하는데, 철저히 이행되어야 한다는 의미에서 그렇게 불렸던 것이다. 화두 가운데 가장 보편적인 형태가 "이것이 무엇인가?"라는 것이다. 여기서 '이것'이 가리키는 것은 물론 불성이다. 즉 선 불교에서 수행의 핵심은 불성을 보는 것, 즉 견성이기 때문이다.

　화두는 불성을 깨친 선사가 발설한 '불성에 관한 소식(표현)'이기 때문에 불성을 보지 못한 수행자는 이해할 수가 없고, 이해할 수가 없으므로 항상 의문의 대상이 된다. 다시 말해서 불성을 본 사람에게는 의심할 여지가 없는 이야기지만, 보지 못한 사람에게는 풀리지 않는 수수께끼일 수밖에 없다. 예컨대 불교의 근본 진리(불성)를 물었는데 선사가 "뜰 앞의 잣나무." 혹은 "마음도 물건도 깨달음도 아닌 것."이라고 설파했다면 그러한 대답은 당연히 의문을 불러 일으킨다. 이렇게 화두를 의심하다가 어느 순간 그것을 발설한 선사의 마음을 알게 될 때 비로소 화두가 풀리고, 그것이 곧 깨달음이다. 화두는 불성에 관한 소식이므로 그것을 이치로 따지거나 생각으로 풀려고 해서는 안 된다. 생각이 아닌 의심하는 기운만 충만한 가운데서도 불성에 이르는 길이 열리는 것이다.

들어가기에 앞서

"사랑이 어떻더냐 / 둥글더냐 모나더냐 / 길더냐 짧더냐……."로 시작되는 옛 시조가 있다. 이처럼 사랑은 형체를 지닌 것이 아니다. 그런데 사랑에 형체가 없는 것은 마음에 형상과 자취가 없기 때문이다. 불교는 괴로움과 괴로움으로부터의 해탈을 가르치는 종교인데, 그 괴로움이란 근본적으로 마음으로부터 생겨나는 것이다. 그런 관점에서 본다면 불교는 마음의 괴로움이 생겨나는 원인을 밝히는 심층 심리학이며, 마음에 대한 바른 이해를 통해 괴로움을 벗어나게 하는 구원의 가르침이다.

달마 대사가 소림사에서 9년 수행을 할 때, 학식이 높은 신광(神光)이라는 젊은 승려가 찾아왔다. 불교는 삶의 괴로움은 물론 죽음의 두려움까지 뛰어넘는 가르침인데 아무리 공부를 해도 여전히 마음이 허전하고 안정이 되지 않았기 때문이다. 달마 대사는 신광을 쉽게 만나 주지 않았다. 눈이 허리까지 쌓인 뜰에서 기다리던 신광은 품고 있던 비수로 자신의 팔을 잘라 정성과 의지를 보였다. 마침내 달마 대사가 입을 열었다.

"그대는 눈 속에서 무엇을 구하는가?"

"저의 마음이 불안합니다. 바라건대 편안하게 해 주십시오."

"너의 불안한 마음을 가져오라. 내 그대를 위해 편안하게 하리다."

"아무리 찾아봐도 불안한 마음을 찾을 수가 없습니다."

"찾아진다면 그것이 어찌 너의 마음이겠는가? 내 이미 너를 편안하게 하였노라."

그 순간 신광은 깨달음을 얻었다.

이것이 달마 대사와 얽힌 일화 중의 하나인 '마음을 안정시키는 가르침'이다. 신광은 자신의 학식으로도 삶과 죽음의 문제를 해결하지 못했으므로 마음이 불안했던 것이다. 그래서 항상 마음이 불안하다고 생각했다. 그러나 달마가 불안한 마음을 찾아서 제시하라고 하자 자기 안에 불안한 마음이 어딘가에 따로 존재하는 것이 아니라는 사실을 깨달았다. 그러나 그것만으로는 부족했다. 불안한 마음이 달리 존재하지 않기 때문에 이미 불안한 마음을 진정시켰다는 달마의 말에 문득 마음의 본질을 깨달았다. 신광은 우리의 마음이 실은 텅 비어 있다는 것을 깨달은 것이다. 다시 말해서 우리의 마음은 본래 공하고 무심하다. 그것이 유일한 진실이다.

"무심이란 마음의 본바탕까지 없다는 의미의 무심이 아니라, 마음속에 아무것도 없다는 의미의 무심이다. 마치 빈 병이라고 할 때 병 속에 아무것도 없는 것을 가리킨 것이지 병 자체가 없는 것이 아닌 것과 같다." ─《수심결(修心訣)》

그런데 이 말은 뭔가 잘못된 듯하다. 신광은 불안한 마음이 없었는데 착각했다는 말인가? 그리고 우리가 느끼는 사랑하는 마음과 미워하는 마음도 본래 없다는 것인가? 여기서 무심은 순간순간 나타나고 사라지는 망념

(妄念)이 없다는 것이지 마음의 본체가 없다는 것은 아니다. 중생은 끊임없이 생각을 지어내고 또 그 생각에 구속된다. 신광 역시 스스로 불안하다는 생각을 만들어 내고 그 생각에 얽매인 것이다. 그러나 그런 생각은 실제로 존재하는 것이 아니라 조건의 변화에 따라 순간적으로 생성하고 소멸되는 무상한 현상에 불과하다. 만약 마음의 본체가 비어 있다는 것을 제대로 알면 그러한 망념으로부터 자유롭게 될 것이다. 이 깨달아서 알게 된 마음의 본체를 보통 '참된 마음[진심(眞心)]'이나 '한마음[일심(一心)]'이라고 부른다.

지눌이 《정혜결사문》을 지어 함께 불도를 닦는 도반들과 모여 결사 운동을 선언하고, 선정과 지혜를 함께 닦으려고 했던 것은 모두 이 한마음을 깨치고자 하는 데 지나지 않는다. 지눌이 활동하던 고려 시대 말 무신 집권기는 정치적·사회적 부패에 불교의 타락상이 겹친 혼란기였다. 지눌이 제안하고 일으킨 정혜결사는 불교의 근본정신으로 돌아가자는 일대 개혁 운동이었고, 그것의 중심은 곧 불교 수행의 두 축인 선정과 지혜였다. 선정이 한마음을 밝히는 수행이라면, 지혜는 한마음으로부터 나오는 빛이라 할 수 있다. 초기 불교에서 대승의 선 불교에 이르기까지 불교의 궁극적인 목표는 한마음을 깨치는 것이고, 그것이 곧 괴로움을 영원히 벗는 길이요, 윤회로부터 해탈하는 길이다. 깨달음에는 여러 가지 의미가 있지만, 마음의 측면에서 말하면 마음의 본체 즉 한마음을 뚜렷이 자각하는 것이다. 그러면 한마음의 실체는 무엇이고 그 작용은 무엇인가?

첫째, 한마음은 우리가 매일 쓰고 있는 이 마음과 같은가? 답은 같으면서도 다르고 다르면서도 같다는 것이다. 비유하자면 한마음은 바닷물과 같은 것이고 우리가 쓰는 마음은 파도와 같다. 우리가 좋은 마음을 갖건 나쁜 마음을 갖건 그런 현상으로서의 마음은 모두 한마음이라는 바닷물에서 일어난 물결 같은 것이다. 물이 없이 물결이 있을 수 없으며, 또한 물결이 있음을 보고 물이 있음을 아는 것이다.

둘째, 그럼 한마음은 어디에 어떻게 있어서 중생이 그것을 모르는가? 앞에서 말했다시피 우리가 마음을 쓰고 있다는 사실이 곧 한마음이 존재함을 드러내는 것이다. 그러나 중생들은 우리가 쓰고 있는 마음 즉 망념에만 관심을 기울이고 거기에 매여 있어서 그러한 마음의 근본이 되는 한마음을 알지 못하고 있다. 다른 말로 하면, 우리 마음이 그릇된 욕망에 물들어 있어서 한마음을 모르는 것이다. 마치 욕망이라는 구름에 가려서 한마음이라는 태양을 보지 못하는 것과 같다. 위에서 한마음을 깨친다는 표현을 쓰는데 여기서 '깨친다.'라는 말은 물론 '알게 된다.'라는 것을 의미한다.

셋째, 왜 하필 '한'마음인가? 여기서 하나라는 것은 둘이나 셋처럼 숫자로서의 의미가 아니라 유일하고 크고 완전하고 전체라는 의미의 한이다. 일단 이름을 붙이게 되면 일반적인 대상과 같이 무엇을 가리키는 것으로 생각하기 쉬워서 오해의 소지가 생기지만 의사소통을 하려면 기호를 쓰지 않을 수 없기 때문에 할 수 없이 일심, 즉 한마음이라고 표현한 것이다. 일심은 다른 말로 하면 불성이요 진여며, 또한 무심이다.

《정혜결사문》은 겉보기에는 여러 가지 주제를 다루고 있는 듯이 보이지만, 처음부터 끝까지 일관되게 다루고 있는 문제의식은 한마음이 무엇이며, 어떻게 깨닫느냐는 것이다. 《정혜결사문》에 들어가기에 앞서 본문을 이해하는 데 도움이 될까 해서 한마음에 대한 대략적인 윤곽을 미리 그려보았다.

| 일러두기 |

1. 이 책의 원래 제목은 《권수정혜결사문(勸修定慧結社文)》으로 탄허(呑虛) 선사가 엮은 《보조법
   어(普照法語)》(교림, 1968)에 포함된 판본을 기본 텍스트로 하였다.
2. 개념어를 제외한 원문은 가능한 한 쉽게 풀어썼으며 원 저작에는 없으나 주제에 따라 장과
   절을 나누어 구성하였다.
3. 의미를 명확히 드러내기 위해서 필요한 부분은 설명을 덧붙였다.

1. 한마음을 찾아서

1. 한마음을 찾아서

불교란 무엇인가?

"땅에 넘어진 사람은 땅을 짚고 일어선다."라는 말이 있습니다. 땅이
있기 때문에 넘어졌지만 다시 일어서기 위해서도 땅에 의존하지 않을
수 없다는 말입니다. 그와 마찬가지로 한마음을 몰라서 끝없는 번뇌
를 일으키는 이가 보통 사람인 중생이고, 한마음을 깨달아서 한없는
지혜와 능력을 드러내는 이가 깨달은 사람, 즉 부처입니다. 중생과 부
처가 한마음을 알고 모르는 데에서 갈리는 것이므로 마음을 떠나서
불교를 논할 수는 없습니다.

이것은 지눌이 정혜결사를 맺게 된 내력을 밝히기에 앞서 불교의
큰 뜻을 말한 첫 부분이다. 여기서 한마음이란 무엇일까? 우리가 보
통 '나의 마음', '너의 마음'이라고 할 때의 마음이라면 익히 알고 있
기 때문에 우리는 이미 부처와 마찬가지일 것이다. 그러나 여기서

말하는 한마음이 우리가 보통 말하는 그 마음과 다른 것이라면 그것이 어디에 존재한다는 말인가? 그리고 왜 한마음이라고 하는 것인가? 선 불교의 목적은 결국 이 한마음을 밝히고 깨치는 것이기 때문에 "한마음이 무엇이냐?"라는 물음은 선 불교의 정체를 묻는 동시에 불교의 근본정신을 묻는 것이다. 《정혜결사문》의 모든 논의는 결국 한마음을 중심의 화두로 삼고 이루어지는 만큼 언제나 한마음이 무엇인지를 염두에 두고 읽어 나가야 한다.

나는 일찍부터 부처님의 가르침에 뜻을 두고 공부해 왔는데, 그 핵심을 한마디로 요약하면 '사물에 집착하는 마음을 비우라.'라는 가르침입니다. 집착하는 마음이 없으면 사물을 대하더라도 마음에 흔들림이 없어서 그것에 끌려 다니지 않게 됩니다. 그래서 경전에서도 "부처님의 경지를 알려면 마음을 허공과 같이 깨끗하게 비우라."라고 했던 것입니다.

마음에서 일어나는 생각의 총체가 사람이라고 할 수 있다. 오랜 과거부터 마음을 쓰고 그것이 축적된 자취가 바로 그 사람의 현재 모습을 이루고 있는 것이다. 이러한 마음의 작용을 불교에서는 업이라고 하는데, 업은 쉽게 말하면 습관과 같은 것이다. 우리의 일상생활은 언제나 이러한 습관의 힘에 지배당하고 있다. "사물에 집착하는 마음을 비우라."라는 가르침은 그러한 습관의 힘으로부터 자유로워지라는 것이고, 지눌은 그것이 불교의 핵심적인 가르침이라고 보았다. "마음을 허공과 같이 깨끗하게 비우라."라고 한 말도 이와 같은 의미다. 우리가 사람이나 사물을 보고 듣고 냄새 맡고 맛보고 만지고 생각할 때 대상에 마음을 빼앗기다 보면 정작 우리 마음의 본바탕인 한마음이 가려지기 때문에 사물을 대할 때 마음을 비우고 집착하지 말라고 한 것이다.

명리를 떠나라

그럼에도 불구하고 요즘 승려들이 하는 행동을 보면, 불교를 공부한다고 하면서도 이기심을 버리지 못하고 명예와 이익만을 좇고 있습니다. 이렇게 헛된 욕망의 굴레에 갇혀 수행은 하지 않고 옷과 밥만 허비하니 출가(出家, 세속의 인연을 버리고 수행 생활에 들어감)한들 무슨 소용이 있겠습니까?

예나 지금이나 일부 수행자들의 빗나간 행태는 크게 다르지 않은 것 같다. 세상의 명예와 이익을 버리고 출가한 승려가 도리어 일반 사람보다 더 탐욕스럽고, 자기 자신에 대한 집착을 버리고 다른 사람을 차별하지 않아야 할 수행자가 도리어 이기심에 사로잡혀 있는 현실을 탄식한 것이다. 지눌이 활동하던 고려 말기에는 불교가 크게 번성하면서 여러 가지 문제점을 드러내고 있었다. 당시 불교는 정치적으로나 경제적으로 많은 모순을 안고 있었지만, 무엇보다도 심각한 것은 불교 공동체인 승가의 질서가 어지러워진 것이었다. 사회의 구성원은 자신이 속한 집단의 고유한 덕목을 지켜야 한다. 즉 승려는 승려답게 수행에 전념해야 하는 것이다. 지눌이 정혜결사를 선언한 것도 이런 불교계에 새로운 기운을 일어나게 하기 위한 것이었다.

아아, 삼계를 벗어나 해탈하려고 하면서도 번뇌를 끊지 않으니 어찌 된 일입니까? 그것은 옛 사람이 일러준 큰 도리를 등지는 것이며, 네 가지 은혜를 저버리는 것이니 참으로 부끄러운 일이 아닐 수 없습니다.

삼계란 윤회하는 중생이 사는 세 가지 세계를 의미하는 것으로 욕계, 색계, 무색계를 말한다. 해탈이란 이러한 세계로부터 완전히 벗어나는 것을 말한다. 해탈하지 못하는 것은 번뇌를 끊지 못하기 때

문인데, 번뇌란 위에서 말한 바와 같이 사물에 대한 집착에서 오는
것이다. 네 가지 은혜란 부모, 중생, 국왕, 스승으로부터 받은 은혜
를 말한다. 여기서 중생의 은혜란 중생이 있음으로써 자신이 존재하
며 또한 중생이 있기 때문에 그들을 도움으로써 복을 쌓을 수 있기
에 은혜라고 부른 것이다. 그런 까닭에 불교에서는 중생을 복을 주
는 밭인 복전(福田)이라고 부른다.

내가 오래 전부터 이를 보고 탄식해 오다가 마침 개성 보제사(普濟寺)
의 담선법회(談禪法會)에 참여하면서 함께 했던 동료 스님 십여 명에게
다음과 같이 제안했습니다.
"이 담선법회가 끝나면 명리(名利, 명성과 이익)를 버리고 산사에 들어
가 함께 결사를 맺어 선정과 지혜를 닦읍시다. 예불을 드리고 경전을
읽고 각자 맡은 일에 따라 운력(運力)도 하고, 본성을 기르면서 거침없
이 한생을 살아 보십시다. 이렇게 옛 사람들의 훌륭한 삶을 본받는다
면 어찌 통쾌하지 않겠습니까?"

담선법회란 선을 이야기하는 법회라는 뜻으로 고려 말기에 시행
되던 선종 승려의 자격시험을 말한다. 지눌은 스물다섯 살이 되던
해에 이 시험에 응시해서 통과했는데, 담선법회에서 만난 도반 십여

명과 서로 마음이 맞은 것이 정혜결사의 첫 출발이 되었다. 예불을 드리고 경전을 읽는 것은 승려 생활의 기본이다. 승려가 밭을 갈거나 밥을 짓는 등 함께 육체노동을 하는 운력은 다른 사람에게 의존하지 않고 수행하려는 의지와 검소한 삶을 드러내는 것으로 선종의 오랜 전통이었다. 본성을 기른다는 것은 사물에 끌려 다니지 않고 마음의 본바탕인 한마음을 회복함을 뜻한다. 지눌은 당시 승려들의 편안하고 한가로움만 좇는 생활을 근본적으로 바로잡고, 불교가 중생들의 삶에 기여하기 위해 부처님의 근본정신으로 돌아가야 한다고 생각했다.

2. 수행은 왜 필요한가?

2. 수행은 왜 필요한가?

최상의 가르침

그 말을 듣고 어떤 사람이 이렇게 말했습니다.

"지금은 부처님의 법을 제대로 펼 수 없는 말법(末法) 시대입니다. 이미 때가 그러한데 선정과 지혜를 닦을 수 있겠습니까? 차라리 아미타불을 염송해서 서방 극락 세계에 태어나기를 바라는 게 낫겠습니다."

불교 수행에는 어려운 길과 쉬운 길, 혹은 자신의 힘으로 닦는 길과 남의 도움으로 닦는 길이 있다. 여기서 선정과 지혜를 닦는 것은 자신의 힘으로 수행하는 어려운 길이요, 염불(念佛)은 아미타불의 힘을 빌어서 극락에 태어나는 쉬운 길이다. 앞의 경우는 괴로움의 바다를 힘들여 헤엄쳐 건너는 것에 비유되고 뒤의 경우는 배를 빌려서 쉽게 건너는 것에 비유되기도 한다. 묻는 사람은 붓다가 열반에 든 지 천오백여 년이 지난 뒤라서 제대로 수행하는 사람도 없고 수행해도 깨달음에 이를 가능성도 없는 말법 시대므로 염불을 통해 극락왕생하는 길을 택하는 것이 옳지 않겠느냐고 말한 것이다. 말법 시대란 불교의 흥망성쇠를 일컫는 세 개의 시대, 즉 정법(正法), 상법(像法), 말법 중 마지막 시기로 불교가 쇠퇴해 가르침만 남아 있고 참다운 수행도 없고 깨달음도 없는 시대를 말한다. 정법 시대는 붓다의 가르침이 잘 보존되어 있으며, 수행하는 사람과 깨달음을 얻는 사람이 있는 시대며, 상법 시대는 붓다의 가르침과 수행만 있는 시대를 말한다. 시기에 대해서는 여러 설이 있으나 보통 정법 시대는 붓다의 입적 뒤 오백 년간을 말하고, 상법 시대는 그로부터 천 년간을, 그리고 말법 시대는 그 이후를 가리킨다.

내가 대답했습니다.
"부처님이 가신 뒤 시간이 흘렀고 상황도 변했지만 우리 마음의 본성이 변한 것은 아닙니다. 염불하고 경전을 읽으며 만행(萬行)을 닦는 것은 승려가 늘 하는 생활이므로 정혜를 닦는 것과 서로 방해가 되지는 않습니다. 그러나 근본적인 것을 찾지 않고, 형상에 집착해서 겉으로 보이는 것만을 구한다면 지혜로운 사람들의 비웃음거리가 될 것입니다."

불교 수행에는 여러 가지 길이 있다. 염불은 흔히 입으로 소리 내어 부처님을 부르는 것으로 알고 있지만 본래 부처님의 모습과 그 덕을 마음으로 생각하는 행위를 뜻한다. 만행은 말 그대로 일상생활의 모든 행위를 통해 수행하는 것이고, 정혜는 참선을 통해 지혜를 깨닫는 수행을 의미한다. 불교의 이런 수행 방법에는 본래 낮고 못한 차이가 없다. 다만 불교는 궁극적으로 마음을 닦는 가르침이므로 마음을 닦는 정혜의 수행이 근본이 되어야 함을 말한 것이다.

우리들이 말법 시대에 태어나 둔하고 어리석다고 해서 비굴한 마음으로 겉모습에 얽매여 도를 구한다면 오래전부터 이어져 내려온 정혜의 빼어난 가르침을 따를 사람이 누가 있겠습니까? 물론 정혜를 닦는 것이 쉽지 않은 일입니다만 어렵다고 해서 지금 버리고 닦지 않는다면 나중에는 더욱 어려워질 것입니다. 지금 마음을 내어 억지로라도 닦고 익히다 보면 어려움이 점차 줄어들 것입니다. 도를 얻어 성인이 된 사람 중에서 처음에 평범하지 않은 사람이 있었습니까? 말법 시대의 중생이라고 해서 최상의 가르침을 따라서 안 된다는 말씀이 또 어느 경전에 씌어 있습니까?

여기서 최상의 가르침이라는 것은 돌아서 가는 것이 아니라 본질에 곧바로 다가가는 가르침을 말한다. 그렇다면 본질적인 가르침이

지향하는 것은 무엇인가? 앞에서 말한 바와 같이 마음의 본성을 바로 아는 것이다. 그리고 마음을 닦는 바른길은 곧 선정과 지혜의 수행이다. 이것은 붓다가 스스로 드러내 밝힌 이래 전 불교사를 통해서 변함없이 강조되어 온 정통적인 가르침이다. 이 마음에 세상의 모든 이치가 갖추어져 있고, 세상의 만물은 실로 이 한마음에서 전개된 것이다. 이것은 보통 사람들로서는 이해할 수도 없고 믿을 수도 없는 진리다. 그렇기 때문에 정혜의 수행이야말로 가장 빠르고 핵심적인 마음 공부임에도 불구하고 사람들은 이것이 어렵다고 해서 스스로 자신을 낮추어서 간편하고 쉬운 방법으로 극락 세계를 찾거나 신통력을 구하는 것이다. 지나친 자만도 수행의 적이지만 근거 없는 자기 비하야말로 수행자로서 가장 경계해야 할 것이다. 바른길에 대한 긍지와 어려움을 이기려는 결단이야말로 수행자가 지켜야 할 근본 자세다.

《원각경(圓覺經)》에 "말법 시대의 중생이라고 할지라도 마음에 망상만 품지 않는다면 그 사람이 바로 깨달은 보살이다."라고 부처님이 말씀했으니, 지혜로운 사람으로서 부지런히 수행하지 않을 수 있겠습니까? 수행해서 곧바로 깨달음을 얻지 못하더라도 지금 뿌린 복되고 좋은 씨앗이 다음 생에서 또다시 이어져서 마침내 깨달음에 이를 수 있게 될 것입니다.

《원각경》은 완전한 깨달음에 도달하는 수행법을 설명한 대승 불교의 경전이다. 원각은 다름 아닌 마음의 본성이요, 곧 한마음이라고 할 수 있다. 허공에 때가 묻을 수 없듯이 마음의 본성은 본래 밝고 깨끗하다. 그러나 중생은 이를 깨닫지 못하기 때문에 시작을 알 수 없는 과거로부터 시작된 윤회의 과정 속에서 고통받고 있는 것이다. 마음의 본체를 알지 못하는 상태에서는 스스로 일으킨 생각에 얽매이기 때문에 미혹해서 모든 생각이 망념이요 번뇌가 된다. 그러므로 마음의 동요가 없는 것이 마음의 본체를 밝히는 길이며 그러한 사람이 바로 깨달은 사람인 부처다.

그렇기 때문에 《유심결(唯心訣)》에서 말하기를 "바른 가르침은 듣기만 하고 믿지 않더라도 부처가 될 씨앗을 심은 것과 같고, 그것을 배우기만 하고 미처 성취하지 못했다고 할지라도 다음 생에서는 좋은 기회를 얻게 될 것이다."라고 했습니다. 그러므로 환경과 자신의 능력을 탓하지 말고 오로지 참된 가르침에 대한 확신을 지니고 굳건하게 수행한다면 비굴하고 나약한 마음은 사라질 것입니다.

《유심결》은 중국 송나라의 영명 연수(永明延壽)의 저술로 제목과 같이 마음이 모든 것의 근본임을 밝힌 책이다. 마음이란 몸을 벗어나 있지 않으므로 마음의 본체를 찾는 일은 쉬울 수도 있지만, 역설적으로 너무 가까이 있고 늘 쓰고 있는 것이기 때문에 오히려 찾기가 더 어려울 수 있다. 따라서 마음의 본체를 깨닫는 일은 세수하다가 코를 만지는 것보다 쉽다는 선종의 말도 과장이 아니고, 수없이 오랜 세월을 두고 닦아야 이룰 수 있다는 교종의 말도 거짓이 아니다. 마음을 찾아가는 일이 이렇게 쉬운 듯하면서도 어려운 길이지만, 일단 방향을 제대로 잡고 첫발을 내딛었다면 이미 그만큼 나아간 것이다. 그리고 이러한 수행의 인연은 반드시 결과를 낳는다. 인생은 아무리 미화하더라도 괴로운 것이다. 즐거움도 순간일 뿐 무상한 것이므로 그 역시 괴로움의 다른 형태일 뿐이다. 이러한 괴로운 현실을 초월하고 극복하기 위해서는 바른 가르침을 들었을 때 바로 마음을 결단해서 실천하는 적극적인 자세가 필요하다.

나고 죽는 고통을 생각하라

명심하십시오. 이 세상의 즐거움이란 오래 가지 않고, 바른 가르침을 듣기는 어렵습니다. 어찌 아무 생각 없이 옛 습관에 젖어 인생을 헛되이 버리겠습니까? 생각해 보면 사람은 시작을 알 수 없는 오랜 과거로부터 온갖 몸과 마음의 고통을 겪어 왔고, 지금도 그러하며 앞으로도 이 고통을 벗어날 기약이 없는데 대부분의 사람들은 이를 알지 못합니다.

덧없는 이 목숨도 마찬가지여서 언제 어떻게 될지 바람 앞의 등불과도 같고 흐르는 물결과도 같으며 서산에 지는 태양과도 같습니다. 세월은 걷잡을 수 없이 흘러 늙음을 재촉하는데 마음을 닦지 못하고 헛되이 죽음을 맞아서야 되겠습니까? 옛 친구들을 생각하면 벌써 열 가운데 아홉은 죽고 남은 하나마저 이렇게 늙고 쇠약해 가고 있습니다. 다들 앞으로 살아갈 날이 얼마 남지도 않았는데 탐욕과 교만, 질투와 방일(放逸, 헛된 욕심으로 제멋대로 함)에 젖어 헛된 명성이나 구하고, 하는 일 없이 남의 보시나 축내고 있습니다. 이러한 폐단은 이미 감출 수도 없이 만천하에 드러났으니 이 얼마나 애통한 일입니까?

중생이 겪는 괴로움의 본질은 무력감이다. 우리는 자신의 의지에

56

따라 몸을 움직이고 마음을 쓰고 있다고 생각하지만 실상은 그렇지 않다. 우리의 마음과 몸은 대부분 과거로부터 쌓아 온 일정한 조건 내지 경향성(업) 안에서 그 자체의 논리와 법칙에 의해 움직일 뿐이다. 그렇기 때문에 내 마음이라고 해서 내 마음대로 통제할 수 없고 내 몸도 마찬가지다. 이렇게 자기가 지은 업에 따라 태어나고 죽는 고통을 끝없이 반복하는 것이 윤회다. 죽음이 끝이 아니고 또 다른 삶의 시작이라는 것은 더 나은 삶을 살 수 있다는 측면에서는 희망의 메시지일 수도 있지만, 나쁜 업의 영향으로 저급한 세계에서 고통스러운 삶을 살게 될 수도 있기 때문에 두려움이 되는 것이다. 해탈이란 죽음을 극복하는 것이다. 지금도 그렇지만 지눌이 살던 시대에도 승려가 타락하게 되는 까닭은 원인이 있으면 반드시 결과가 따른다는 인과율이나 윤회에 대해 의심을 품고 믿지 못하기 때문이다. 바른 법에 대한 안목이 없기 때문에 타락하는 것이다.

만일 지혜로운 사람이라면 분발하지 않을 수 없을 것입니다. 자신의 잘못을 밝혀서 참회하고 고치며, 밤낮으로 열심히 수행해서 모든 고통에서 빨리 벗어나야 합니다. 그러기 위해서는 부처님과 선배들의 참된 말씀을 밝은 거울로 삼아 자신의 마음이 본래 신령스럽고 밝고 맑으며, 번뇌가 본래 공하다는 것을 비추어 볼 수 있어야 합니다. 이렇게 옳은 것과 옳지 않은 것을 분명히 구분하고, 자신의 얕은 생각으로 진리를 재단하는 어리석음을 범하지 말아야 합니다.

불교에서는 오직 하나의 신을 믿는 종교와 같이 초월하는 절대자에게 모든 것을 맡긴다는 의미의 믿음은 성립할 수 없다. 불교의 믿음은 '바른 이치에 대한 신념이나 신뢰'라고 말할 수 있다. 그런 의미에서 불교의 가장 본질적인 믿음은 '마음의 본성이 본래 신령스러우며 밝고 맑다.'라는 것에 대한 확신이다. 이러한 마음을 태양에 비유한다면 번뇌란 태양을 일시적으로 가리고 있는 구름에 지나지 않는다. 구름이 가리고 있건 가리고 있지 않건 태양이 밝게 비치고 있다는 사실에는 영향을 미치지 않는다.

마찬가지로 번뇌는 신령스러우며 밝고 맑은 마음의 본성을 어지럽히지 못한다. 우리가 마음의 본성을 분명히 깨닫는다면 번뇌는 이미 번뇌가 아니다. 번뇌는 밖에서 온 것이 아니라 마음이 만들어 낸 것이어서 모든 것이 공하다는 것을 깨닫지 못할 때 현실적인 힘을 갖는다. 또한 마음의 본성, 즉 한마음은 번뇌를 포함한 모든 사물이 공하다는 것을 깨달을 때 드러난다. 여기서 마음의 본성을 심리 현상의 일종으로 이해해서는 안 된다. 허공이 사물을 감싸 안지만 허공은 사물이 아닌 것과 같이 마음의 본성 역시 모든 것을 품고 있으나 마음도 아니고 물질도 아니다. 그것은 우리의 이성으로 규정할 수 없는 그 무엇이다.

마음은 어지럽거나 한 자리에만 머물지 않아야 하며, 단견(斷見)을 일으키지도 말고 공과 유(有, 소멸하지 않고 영원히 존재한다는 생각)에 집착하지도 말아야 합니다. 이렇게 깨달음의 지혜가 언제나 밝아서 거룩한 행실을 닦으며, 큰 소망을 담아서 많은 중생을 건질 것이니 자기한 몸의 해탈만을 구하려는 뜻이 아닙니다.

우리의 마음은 잠시도 쉬지 않고 온갖 생각이 일어나고 사라진다. 그리고 본성에 대한 깨달음이 없다면 모든 생각은 망념이요 번뇌임은 앞에서 말한 바와 같다. 그렇지만 마음이 고요한 상태에 머물면 다시 몽롱해지기 쉽다. 중요한 것은 생각이 없을 때에도 마음은 맑고 또렷하게 깨어 있는 상태를 지켜야 한다는 것이다. 몽롱한 상태에서는 마음의 본성에 대한 깨달음이 일어날 수 없기 때문이다.
단견과 상견(常見)은 모두 잘못된 견해다. 모든 사물은 화합했다가 흩어질 뿐 본래 생성도 소멸도 없는 것인데, 사물이 소멸하면 완전한 무가 된다고 보는 견해가 단견이다. 사물이 일정한 정체성을 가지고 영구히 변치 않고 존재한다는 상견 또한 연기와 공의 진리에 어긋나므로 그릇된 견해다. 모든 사물은 공한 채로 또 존재한다. 나는 공한 존재지만 공한 채로 이렇게 존재하는 것이다. 그러므로 공함과 존재함은 모두 일면적 진실을 가지고 있다. 공에 치우쳐 현실적인 존재를 부정하는 것도 잘못이고, 현실적 존재를 지나치게 믿어 그것이 궁극적으로는 공하다는 것을 보지 못하는 것도 잘못이다. 모든 존재는 공인 동시에 유이며, 유인 동시에 공임을 깨달아야 한다.

만일 가지가지 세상일에 얽매거나 또는 병으로 인해 고통받거나 또는 마귀나 귀신 때문에 불안하거든 곧 온 누리의 부처님 앞에 지극한 마음으로 참회하고 무거운 업장(業障, 업으로 인한 장애)을 덜어야 합니다. 그리고 예불과 염불을 함께 행하면서 업장을 소멸하고 망념을 쉬어야 합니다. 또한 움직일 때나 고요히 있을 때, 말할 때나 침묵할 때를 막론하고 자신과 다른 사람의 몸과 마음이 인연에 따라 허깨비같이 생겨난 것이어서 본래 공하며 실체가 없는 것이 거품과 같고 구름이나 그림자 같다는 것을 분명히 알아야 합니다. 그렇게 되면 누가 나를 칭찬하거나 헐뜯는 소리, 잘잘못을 가리는 소리가 모두 텅 빈 골짜기의 메아리 같고 바람 소리 같을 것입니다.

흔히 인과응보에 대해 과학적이지 못한 생각이라거나 미신이라고 말하지만 자세히 그 내용을 새겨 보면 이는 극히 상식적인 세계관이다. 인과응보는 이 세상에 원인이 없는 결과가 없고, 어떤 현상이 있다면 반드시 그것을 낳은 원인이 있다는 인과율을 토대로 하고 있기 때문이다. 그러므로 심리적이거나 육체적인 고통도 많은 부분 우리가 기억하지 못하는 과거의 행위나 생각에 그 원인이 있는 것이므로 참회를 통해 그 업으로 인한 장애를 덜어 내야 한다는 주장도 성립될 수 있다. 참회를 통해 과거에 지은 행위의 업이 소멸되느냐는 문제도 바른 이치에 대한 이해와 확신의 문제다. 무수한 선 지식(善知識, 사람을 불도로 교화하고 선도하는 덕이 높은 스님)의 조언을 한갓 비유로 받아들이느냐, 아니면 사실로 받아들이느냐 하는 것도 결단을 필요로 하는 문제다.

불교 사상의 근본은 연기다. 초기 인도 불교에서 중국 선 불교에 이르기까지 불교의 정체성은 바로 연기적 세계관에 있기 때문에 연기 사상을 떠난 불교는 불교가 아니다. 연기적 세계관에서 모든 존재는 일시적으로 인연이 합해 모습을 나타냈다가 흩어지는 것으로서 실체성이 없다. 인연이 합한다는 측면에서 말하면 연기론이 되고, 실체성이 없다는 측면에서 말하면 공이다. 모든 고통은 사물이 공하다는 진실을 자각하지 못하고 대상을 실체로 보고 집착하는 데에서 생긴다. 나를 비난하거나 칭찬하는 사람이나 그 소리는 물론 그것을 듣는 나까지도 공하다는 것을 분명히 깨닫는다면 남의 비방이나 칭찬에 웃고 울지 않게 될 것이다.

이와 같이 허망한 현상의 근원을 살펴서 편견에 얽매이지 말고 몸과 마음의 본성을 지켜 관조(觀照)하는 힘을 기르면, 고요한 가운데 마음의 근본에 이르러 주관과 객관의 구분 없이 온 세상이 오직 하나의 마음이라는 것을 보게 될 것입니다. 이때에야 비로소 사랑과 미움에 집착하는 마음도 사라지고, 자비심을 베풀고 지혜는 더 밝아질 것이며, 죄와 악업도 끊어질 것입니다. 여기서 공부가 더 진전하면 마침내 번뇌가 다해서 태어나고 죽는 윤회에서 벗어나고 마음의 본성 즉, 한마음을 분명히 볼 수 있게 될 것입니다. 이때 선정의 고요함과 지혜의 비춤이 드러나 그 무궁무진한 작용으로 인연 있는 중생을 널리 구할 수 있게 될 것입니다. 이것이 할 일을 마친 사람이 자신과 남을 구원하는 길 없는 길이며 쓸모없는 쓸모입니다.

일반적으로 우리는 대상에 의해 마음이 움직여 판단하고 집착하게 된다. 이때의 대상은 있는 그대로의 사물이 아니라 이미 나의 주관적 편견에 의해 분별이 가해진 왜곡된 대상이다. 사물의 실체는 우리가 생각하는 것만큼 견고한 것이 아니다. 우리는 눈, 코, 귀, 혀, 피부의 감각을 신뢰하고 이러한 감각 기관으로 파악한 대상의 실체를 의심하지 않는다. 그러나 가장 속기 쉬운 것이 우리의 감각일 수 있다. 서양의 이성주의 전통도 감각에 대한 불신에서 출발한 것이다. 우리의 사고 작용이나 감각은 물론이고 그 대상인 관념과 사물 역시 변하지 않는 실체가 아니라, 조건이 모이고 헤어짐에 따라 일시적으로 드러나는 연기의 산물인 것이다.

예를 들어 꿈속에서 우리는 모든 감각 기관을 동원해서 사물을 인식하지만 꿈속의 사물은 깨어 있을 때의 사물만큼 구체성을 갖지 못한다. 영화 〈매트릭스〉에서 가상공간 안에서의 경험과 그곳을 벗어난 현실에서의 경험을 혼동하는 것과 같다. 그렇다면 꿈이나 가상공간 안의 경험과 현실의 차이는 무엇인가? 두 경우 모두 인식의 구조는 동일하다. 다만 인식하는 주체의 조건이 다를 뿐이다. 이 세계의 실재성은 인식 주체의 조건에 의존해 있는 것이다.

이 글에서 모든 사물을 허망한 현상이라고 말한 것도 모두 마음이 인연에 따라 지어낸 것에 불과하다는 의미에서다. 이렇게 몸과 마음이 작용하는 이치를 편견에 얽매이지 않고 객관적이고 분명하게 보는 것이 관조다. 관조란 대상을 향하는 것이 아니라 자기 마음의 작용을 안으로 관찰하는 것이다. 관조가 깊어지면 더 이상 겉으로 보이는 사물에 마음을 빼앗기지 않게 되므로 마음의 본성을 깨달아 모든 것이 오직 마음의 작용이라는 것을 알게 된다.

3. 참선 수행법

3. 참선 수행법

신통력이란 무엇인가?

누군가가 물었습니다.

"스님이 말씀하신 대로라면 먼저 자신의 깨끗한 본성, 즉 사람의 생각으로는 헤아릴 수 없는 마음을 믿고 이해해서 그 본성에 의지해 선정을 닦아 나가야 할 것입니다. 이는 예로부터 스스로 마음을 닦아 불도를 성취하는 방법이기도 합니다. 그런데 선정을 닦는 수행자들이 신통한 지혜를 드러내지 못하는 까닭은 무엇 때문입니까? 신통력을 나타내지 못하면서도 참다운 수행자라고 할 수 있겠습니까?"

사람들이 종교적인 수행을 통해 얻고자 하는 것 중에는 초월적인 능력 즉, 신통력이 있다. 때로는 초월적인 능력이 종교의 진실함을 보증하는 듯이 생각하는 경향이 있다.

불교에서 말하는 초월적인 능력에는 삼명(三明, 세 가지 지혜)과 육신통(六神通, 여섯 가지 신통력)이 있다. 여기서 삼명은 육신통에 속한다고 할 수 있는데 숙명지증명(宿命智證明, 나와 남의 전생을 알 수 있는 지혜), 생사지증명(生死智證明, 중생의 미래와 업의 결과를 알 수 있는 지혜), 누진지증명(漏盡智證明, 번뇌를 소멸시켜서 윤회를 벗어나는 지혜)을 말한다. 육신통은 신족통(神足通, 어디든 마음먹은 대로 갈 수 있고 몸을 변화시킬 수 있는 능력), 천안통(天眼通, 장애가 없이 모든 것을 볼 수 있는 능력), 천이통(天耳通, 모든 소리를 들을 수 있는 능력), 타심통(他心通, 남의 생각을 알 수 있는 능력), 숙명통(宿命通, 나와 남의 전생을 볼 수 있는 능력), 누진통(漏盡通, 모든 번뇌가 소멸되어 윤회로부터 벗어나는 능력)을 말한다. 그런데 육신통 중에서 앞의 다섯 가지 신통력은 불교뿐만 아니라 다른 수행 전통 특히 도교와 같은 수행에서도 가능하지만, 마지막 누진통은 불교 수행에서만 성취할 수 있는 능력이다.

내가 웃으며 말했습니다.

"신통한 지혜는 부처님의 마음과 진리에 대한 바른 믿음에서 출발해서 많은 수행을 거쳐야 얻을 수 있습니다. 거울을 닦는 것에 비유한다면 때가 조금씩 닦이면서 점차 밝아지고, 밝음이 드러나면서 여러 가지 모습이 표면에 비치는 것과 같습니다. 만약 진리에 대한 믿음과 이해가 바르지 못하고 노력도 없이 앉아서 꾸벅꾸벅 졸거나 그저 말없이 앉아 있는 것으로 참선을 삼는다면 어찌 신통한 지혜가 생겨나겠습니까?"

지눌은 신통력을 부정하지 않는다. 오히려 신통력이란 수행을 하게 되면 자연히 얻게 되는 능력이라고 보았다. 모든 존재에 깃들어 있는 마음의 본성은 곧 우주의 본체로서 대원경지(大圓鏡智, 큰 거울같이 사물을 있는 그대로 비추는 지혜)를 갖추고 있으며, 시간과 공간의 장애를 받지 않는다. 그러나 보통 사람들은 거울에 때가 끼어 있듯이 번뇌와 망상으로 인해 밝은 지혜와 신통력이 드러나지 않는 것이다. 그렇게 본다면 신통력을 갖는 것이 정상이요, 갖지 못하는 것이 비정상이다. 불교는 마음의 철학이기 때문에 마음의 본성이 곧 우주의 본성이라고 본다.

옛날 덕이 있는 어른이 말씀하시기를 "그대들은 오직 자신이 가진 본성의 바다를 향해 성실하게 수행을 할 것이지 삼명과 육신통을 바라서는 안 된다. 왜냐하면 그것은 성인에게 군더더기와 같기 때문이다."라고 했습니다. 마음을 깨치고 근본을 통달하면 오직 그 근본만 얻을 뿐 곁가지를 문제 삼지 않기 때문입니다.

여기서는 육신통 중에서 앞의 다섯 가지를 가리켜 곁가지라고 말한 것이다. 번뇌를 끊어 더 이상 윤회의 사슬에 매이지 않는 누진통은 수행하는 근본적인 목적이므로 곁가지라고 할 수 없다. 그렇다면 다섯 가지 신통력은 왜 곁가지인가? 그것은 운동을 하면 근육이 생겨나듯이 수행 중에 자연스럽게 얻어지는 능력일 뿐이다. 그리고 아무리 신통력이 뛰어나도 신통력으로 윤회의 괴로움을 끝내고 해탈을 얻게 하는 것은 아니기 때문에 곁가지라고 한 것이다. 요컨대, 많은 사람들이 갖고 있지 않은 능력이라는 점에서 초월적 능력이지만 근본적인 변화는 못 된다는 점에서 곁가지다.

선 불교 수행의 근본적인 목적은 마음의 본성을 철저하게 관조하는 것이고, 이것이 곧 마음의 본성을 보는 견성이며 깨달음이다. 그리고 마음의 본성을 보는 것이 불성을 보는 것이니, 곧 모든 사물의 본성을 보는 것이다. 마음의 본성은 주체와 대상으로 나누어지지 않으며, 안과 밖이 없기 때문에 마음과 사물과 우주는 다른 것이 아니다.

사산인(史山人)이 규봉 종밀(圭峰宗密, 당나라의 승려로 선종과 교종의 일치를 주장함)에게 물었습니다.

"대체로 마음자리(마음의 본바탕)를 닦는 법이 마음을 깨치는 것으로 끝나는 것입니까, 아니면 그 밖에 다른 수행이 더 필요합니까? 만약 달리 수행할 것이 있다면 어찌 선을 단박에 깨닫는 가르침이라고 합니까? 또 만약 마음을 깨치는 것으로 끝난다면 그 즉시 신통력을 발휘하지 못하는 것은 무엇 때문입니까?"

규봉 종밀 선사가 대답했습니다.

"얼어붙은 연못이 다 물인 줄은 알고 있어도 따뜻한 기운을 빌어야 녹는 것처럼 보통 사람의 마음이 본래 참되다는 것을 깨달았을지라도 불법의 힘을 빌어서 닦아야 하는 것이다. 얼음이 녹아야 논에 물을 대고, 허망한 마음이 없어져야 지혜가 드러나서 신통력과 광명(光明, 지혜의 빛)이 나타나는 것이니 마음을 닦는 것 이외에 다른 수행의 길은 없다."

지눌은 돈오점수를 주장했다. 이치를 깨달았다고 할지라도 그 즉시로 깨달음이 완성되는 것이 아니라 깨달은 뒤에 수행이 필요하다는 것이다. 마치 봄이 왔다고 해서 연못의 얼음이 한꺼번에 다 녹지 않는 것과 같다. 그렇다면 깨달은 이치란 어떤 것인가? 여기서는 "보통 사람의 마음이 본래 참되다."라는 깨달음이다.

그런 의미에서 보통 사람도 본질적으로 이미 깨달은 상태에 있다. 다만 그 사실을 모르고 있을 뿐이다. 이는 자신의 주머니 안에 보석을 갖고 있으면서도 그것을 알지 못하고 거지와 같은 생활을 하는 사람과 같다. 보통 사람은 번뇌를 지니고 그것에 의해 고통받으면서도 번뇌가 마음의 본성을 해치지 못함을 알지 못한다. 잠시 구름이 해를 가릴 수는 있지만 그 빛을 없앨 수 없는 것과 같다. 마음의 본성은 본래 때묻지 않아 언제나 밝고 맑은 것이므로 더 닦을 것이 있을 수 없다. 그런 의미에서 보통 사람도 본래 참되다고 말한 것이다. 그러나 이것은 어디까지나 원론적인 입장에서 하는 말이다. 마음의 본성을 보지 못하는 보통 사람은 현실적으로 온갖 번뇌와 망상에 시달리기 때문에 수행이 필요한 것이다.

오직 마음에서 구할 뿐

그러므로 훌륭한 겉모습과 신통력을 얻으려고 애쓸 필요가 없습니다. 먼저 자신의 마음을 돌이켜 비추어 본성에 대한 믿음과 이해가 바르고 참되면 단견이나 상견의 편견에 떨어지지 않고 선정과 지혜를 통해 모든 마음의 번뇌를 다스릴 수 있습니다. 만약 믿음과 이해가 바르지 못하면 수행을 해도 진전이 없고 끝내 공부가 뒤떨어질 것이니 이것이 어리석은 보통 사람의 한계입니다. 이는 지혜로운 사람이 향할 길이 아닙니다.

수행하게 되면 그에 따라 신체의 변화도 생기고 또한 신통력도 생긴다. 그러나 이는 중요한 것이 아니기 때문에 진지한 수행자는 그런 것에 마음을 쓰지 않고 또 신통력이 있다고 해도 사용하지 않는다. 지눌이 한결같이 강조하는 것은 불교 수행에서 유일하게 중요한 점이 마음의 본성을 깨치는 일이라는 것이다. 그리고 마음의 본체가 생겨나거나 사라지는 것이 아님을 알면 사물이 영원하다거나 사라져 없어진다는 편견에 빠지지 않는다. 또한 선정과 지혜를 통해 마음의 평정을 얻기 때문에 번뇌에 휩쓸리지 않을 수 있다. 치열한 수행도 중요하지만 더욱 중요한 것은 수행의 방향이다. 옳지 않은 길은 가면 갈수록 목적지에서 더욱 멀어진다. 그리고 수행의 바른길을 알려 주는 것이 바로 마음의 본성에 대해 바른 견해를 갖는 것이다.

교가(教家)에서도 관법 수행의 효과를 자세히 설명하고 있지만, 교학을 공부하는 사람들은 관법 수행을 성인이나 닦는 것으로 여겨서 자신의 마음에서 찾으려 하지 않고 오랫동안 배우고 닦지도 않으면서 그 효과만 알려고 합니다. 그래서 원효(元曉, 신라의 고승) 대사께서도 이렇게 말씀했습니다.

"일반 사람들은 관법 수행을 하며 마음이 있다고 인정하면서도 밖에서 이치를 찾는다. 하지만 이러한 관법 수행은 겉모습만을 따르기 때문에 참된 모습과는 하늘과 땅만큼이나 멀어지게 된다. 이렇게 진리와 멀어짐으로써 삶과 죽음을 끝없이 반복하는 생사윤회(生死輪廻)의 괴로움을 벗어날 수 없게 된다. 그러나 지혜로운 사람의 관법 수행은 이와 반대로 바깥의 모든 현상을 버리고 안으로 자신의 마음을 찾는데, 그것이 궁극에 이르면 마음의 이치까지 모두 잊고 얻은 이치마저 다 잊으며 마침내 얻고자 하는 마음까지 잊어버리게 된다. 그런 까닭에 '이치 없는 지극한 이치'를 얻을 수 있고, 마침내 진리로부터 물러나지 않게 되어 무주 열반(無住涅槃, 자유롭고 거침이 없는 열반의 경지)에 머물게 된다.

또 소승 불교의 성인은 마음의 성품이 생겨나고 사라지는 것이라고 생각하기 때문에 미세한 망념이 아직 남아 있어서 그것으로써 마음이 사라져 없어지는 경지를 깨닫게 된다. 그렇게 해서 앎도 없고 비추는 작용도 없는 허공과 같은 경지에 이른다. 마지막으로 대승 불교의 보살은 성품이 본래 생겨나는 것이 아님을 알기 때문에 미세한 망념을 떠난다. 그러나 마음이 아주 사라져 없어지는 것은 아니어서 참된 비춤과 지혜가 존재하므로 존재의 실상을 참답게 깨닫게 된다."

관행(觀行)이란 지혜로써 대상을 비추어 보는 수행으로 여기서는 마음의 본성을 관조하는 수행 일반을 가리킨다. 그런데 마음의 본성은 자신의 마음 안에 있는 것이므로 밖에서 진리를 찾을 수 없는 것인데, 수행하는 사람들이 그것을 알지 못해 효과적인 수행을 하지 못하고 있다. 또한 제대로 수행을 한다고 해도 눈으로 보이는 효과만을 노리는 경우가 많다. 그런 까닭에 지눌은 원효의 말을 빌어 일반 사람과 지혜로운 사람, 소승의 수행자와 대승의 수행자의 차이를 명확하게 제시하고 있다.

첫째, 일반 사람의 관법 수행은 마음이 안에 있다는 것을 인정하지만 밖으로 부처와 보살에게 의존하고 성현의 가르침에서 진리를 찾는다. 이런 수행으로는 아무리 열심히 해도 윤회를 벗어날 수 없다.

둘째, 지혜로운 사람은 진리를 밖에서 구하지 않고 마음에서 찾을 줄 안다. 그래서 궁극적으로 본질이 비어 있다는 공 사상에 이르게 되어서 마음이란 실체가 있는 것이 아니고 그렇다고 없는 것도 아니기 때문에 말로 규정되는 '마음의 이치'라는 것도 실제로 존재하지 않는다는 진리를 얻게 된다. 이것이 '이치 없는 궁극의 이치'라는 말의 의미다. 이렇게 주체로서의 찾는 마음과 객체로서 관찰되는 마음의 진리를 함께 잊는 것이 지혜로운 사람이 도달하는 궁극의 경지다. 무주 열반은 무주처 열반(無住處涅槃)이라고도 하는데, 생사윤회에도 머물지 않고 그것을 벗어난 열반에도 집착하지 않는 대자유의 세계에서 중생에게 자비를 베푸는 경지를 말한다.

셋째, 소승 불교의 수행자는 마음이 생겨나지도 않고 소멸되는 것도 아니라는 점을 보지 못하기 때문에 일어나는 마음, 즉 망념을 없애고자 애를 쓴다. 그래서 미세한 의식 작용으로 마음이 사라지는 경지를 체득하는데, 이러한 경지는 허공과 같이 마음이 텅 비어 있는 상태를 의미한다. 이러한 소승 불교의 열반은 몸이 죽으면서 의식 작용까지 완전한 무로 돌아가는 회신멸지(灰身滅智, 몸도 지혜도 모두 사라진 상태)다. 여기서는 어떤 지혜와 자비도 솟아날 수 없다. 하지만 대승 불교의 수행자는 마음이 본래 생겨남도 없고 사라짐도 없다는 무생(無生)의 진리를 체득해 미세한 망념까지 떠나고 마음이 공하면서 동시에 존재한다는 것을 깨닫게 되므로 지혜와 자비가 함께 있다.

원효 대사는 이와 같이 보통 사람과 지혜로운 사람, 소승 불교와 대승 불교의 관법 수행의 차이를 조금도 남김없이 분별해서 드러내셨습니다. 관법 수행에서 힘을 얻은 예와 지금의 현인들은 모두 자신의 마음에 도달해 망상이 본래 생겨나는 것이 아님을 알기 때문에, 근본적인 지혜와 뒤에 깨달은 지혜를 활용하는 데에서도 거침이 없고 있는 그대로의 실상을 깨닫게 되는 것입니다. 이와 같이 대승 불교의 관법 수행은 다른 관법 수행과는 길이 다른데 어찌 자신의 마음을 관조하지 않고 먼저 신통력만 찾습니까? 그것은 마치 배를 부릴 줄 모르면서 물길이 험한 것만 나무라는 것과 같습니다.

대승 불교의 진리는 곧 마음의 진리다. 예와 지금의 현인들은 관법을 수행해 마음의 본성을 깨쳤기 때문에 망상이나 번뇌가 일어나지 않고, 생각이 일어난다 해도 이에 얽매이지 않고 물들지 않아서 더 이상 끌려 다니지 않게 된다. 망상이나 번뇌가 문제가 아니라 그것에 물들고 끌려 다니는 것이 문제인 것이다. 이렇게 마음을 관조하고 마음을 닦는 대승 불교의 가르침 앞에서 신통력이란 진리의 그림자요, 겉껍데기에 불과하다.

마음은 본래 완전한 것

누군가 다시 물었습니다.

"만약 자신의 참된 본성이 본래 완전하게 이루어진 것이라면 마음을 자유롭게 내버려 두어도 진리에 어긋나지 않을 것인데, 왜 구태여 관조하고 통제하는 것입니까?"

마음의 본성은 그 자체로 완벽한 것이어서 더 보탤 것도 없고 뺄 것도 없는데 공연히 마음을 닦느니 관법 수행을 하느니 하면서 긁어

부스럼을 일으킬 필요가 있느냐는 물음이다. 이 질문은 사실 잘못된 것은 아니다. 붓다가 세상에 나와서 진리를 설파한 것도 한갓 평지풍파(平地風波, 평온한 자리에서 뜻밖의 분쟁이 일어남)를 일으킨 것에 지나지 않는다는 말도 있다. 누구에게나 존재하는 한마음은 더 보탤 것도 없고 뺄 것도 없기 때문이다. 그러나 본질적인 관점에서는 아무 것도 할 것이 없지만, 마음의 본성을 깨우치지 못해서 윤회의 고통을 받는 현실적인 중생의 관점에서는 여전히 닦을 것이 있고 깨칠 것이 있다.

이에 내가 대답했습니다.

"말법 시대에는 사람들이 얕은 지혜만 늘어서 윤회의 고통을 벗어나지 못합니다. 생각을 드러냈다 하면 거짓을 일삼고 말을 해도 분수에 넘치거나 과장되고 견해는 편협해서 아는 것과 행동하는 것이 서로 어긋납니다. 최근 선을 공부하는 무리들이 흔히 이러한 병에 빠져서 말합니다.

'내 마음은 본래 깨끗해서 마음이 있는 것도 아니요, 없는 것도 아니라는 것을 이미 알아서 어디에도 구애받지 않는데 어찌 고생스럽게 수행할 필요가 있겠는가?'

마치 자신이 어디에도 걸림이 없는 자유로운 경지에 이른 듯 행세하며 참된 수행을 거들떠보지 않습니다. 이러한 사람들은 행실이나 말이 단정하지 못할 뿐만 아니라, 마음마저 왜곡되어 있는 데도 이를 깨닫지 못하고 있습니다."

참된 지혜는 망념과 집착을 끊어서 윤회에서 벗어나게 하지만 그렇지 못한 껍데기 같은 지혜는 남은 물론 자신도 구하지 못한다. 자신의 지혜가 참된 지혜인지 아닌지는 스스로 안다. 세상을 다 속여도 자신만은 속일 수 없는 것이다. 예컨대, 입으로만 선을 닦는 사람들 중에는 계율을 우습게 알아서 함부로 행동하고 아무 것이나 먹으면서 어떤 것에도 걸림이 없다고 호기롭게 말한다. 말로는 번뇌도 공하고 업도 공하다고 하지만 실제로 공의 진리인 공성(空性)을 깨치지 못해서 업과 번뇌의 속박을 벗어나지 못하고 윤회의 고통에서 놓여나지 못한다. 본문에서 마음의 본체가 본래 깨끗해서 존재하는 것도 아니요, 존재하지 않는 것도 아니기 때문에 모든 것이 허용된다는 것 또한 원론적으로는 맞는 이야기지만 그것은 마음의 본체를 투철히 깨친 경우에나 할 수 있는 이야기일 뿐이다. 마음이 존재의 영역도 아니고 비존재의 영역도 아니라는 것은 마음이 연기적으로 생겨나는 것이고 따라서 공하다는 의미다.

또 어떤 사람들은 교종에서 그때그때에 알맞게 가르친 내용에 집착해 자기 자신을 비하하면서 굳이 점수의 길을 택합니다. 이들은 성종(性宗, 마음의 본성을 강조하는 가르침)에서 벗어나 부처님이 말법 시대의 중생을 위해 은밀하게 전한 가르침을 믿지 않고 먼저 들은 교종의 말에 얽매여 있으니 마치 금을 버리고 지푸라기를 가지려 하는 것과 같습니다. 이와 같은 무리를 만나서 설명을 해 주어도 끝내 믿지 않고 오히려 의혹을 품고 비방만 할 뿐입니다. 다시 말하거니와 먼저 본래 마음의 본성이 깨끗하고 번뇌가 공하다는 것을 믿고 이해한 뒤에 이를 바탕으로 거듭 수행하는 것이 바른길입니다.

대개 불교를 이론으로 공부하는 사람들은 마음의 본성을 관조해서 단번에 뛰어넘는 공부 즉, 돈오는 뛰어난 사람들이나 할 수 있는 일이라고 생각한다. 자신과 같이 평범한 사람은 단계적으로 차차 닦아 나가는 수행이 적합하다고 생각하는 것이다. 지눌은 이러한 자기 비하를 곳곳에서 경계하고 있다. 교종은 불교 철학을 이론적으로 탐구해 수행의 여러 유형과 단계를 나열한다. 이는 물론 불교를 체계적으로 이해하는 데 도움을 주고 수행의 지침이 되기도 하지만 선종의 입장에서 보면 진정한 깨달음에 도달하는 방법론은 아니다. 그래서 지눌은 이론적으로 공부하면서 점수만을 강조하는 것을 경계해 먼저 마음의 본성을 깨친 다음 그것을 더욱 갈고 닦는 돈오점수를 주장했다.

밖으로 계율과 법도를 지키되 집착하지는 말고, 안으로 생각을 고요히 하되 억압함이 없어야 합니다. 그래서 악을 끊어도 끊는다는 생각이 없고 선을 닦아도 닦는다는 자의식이 없이 닦는 것이 제대로 끊고 제대로 닦는 것입니다. 이렇게 선정과 지혜를 함께 갖추고 만행을 닦는다면, 침묵 수행만을 고집하는 어리석은 수행자나 글만 읽어서 지혜를 얻고자 하는 헛되고 미덥지 못한 무리와 어찌 비교할 수가 있겠습니까?

선을 닦는 것이 마음의 본성을 밝히는 가장 가깝고 절실한 방법입니다. 만일 뜻을 세워 수행하는 사람이라면 갈 때나 설 때, 앉아 있을 때나 누워 있을 때, 말할 때나 조용히 침묵하고 있을 때를 막론하고 항상 생각을 비우고 고요하게 하며 마음을 밝혀야 합니다. 그러면 가지가지 공덕(功德)과 신통력, 광명이 다 그 가운데에서 일어날 것입니다. 도를 구하면서도 마음의 본성이 모두 갖추어져 있다는 것만 믿고 안이하게 수행할 것이 아니라 오로지 정혜에 힘써야 하는 것도 그 때문입니다.

계율과 법도는 형식에 불과하지만 형식과 실제의 관계는 상호 보완적이다. 형식을 갖추지 않은 내용은 위태롭고, 내용이 부실한 형식 역시 견고할 수 없다. 세상의 종교 역시 일종의 형식이라고 할 수 있다. 불교도 사찰과 같은 물적 토대와 승단과 같은 제도를 갖추지 않았다면 오늘날까지 이어지기 어려웠을 것이다. 그런 의미에서 형식도 중요하지만 그것을 절대적이라고 생각하거나 집착해서는 안 된다.

마음을 고요히 지키는 참선 수행 또한 억지로 한다면 도리어 역효과만 날 것이다. 모든 자의식은 자아 관념에서 나온다. 그러므로 수행을 하되 일체의 생각을 놓아 버려야 한다. 선정과 지혜를 함께 닦는다는 것은 선정의 고요함과 지혜의 비추는 작용이 함께 있어야 함을 말하는 것이다. 마음의 본성에는 모든 신비와 덕의 작용이 갖춰져 있으므로 항상 선정과 지혜로써 마음의 본성을 밝히고 계발해야 한다.

삼학이란 무엇인가?

《익진기(翼眞記, 미상)》에서 이렇게 말했습니다.

"정과 혜라는 두 글자는 삼학의 일부를 가리킨 것인데 전체를 말하면 계정혜다. 계는 잘못을 막고 나쁜 일을 하지 않는다는 뜻으로 삼악도(三惡道)에 떨어지지 않게 하는 것이며, 정은 진리를 근거로 해 산란한 마음을 평정한다는 뜻으로 여섯 가지 욕망을 초월하게 하며, 혜는 사물의 공한 성품인 공성을 관찰한다는 의미니 생사윤회를 벗어나게 하

는 것이다. 이 세 가지는 번뇌를 끊은 뒤 보살행을 할 때 배우는 것이
므로 삼학이라고 한다."

계정혜 삼학은 불교 수행의 근본이라고 할 수 있다. 흔히 불교라
는 솥을 받치는 세 개의 발로 비유된다. 셋 가운데 하나라도 없으면
불교가 바로 서지 못하기 때문이다. 이 책 《정혜결사문》은 책 제목
부터 정혜를 강조하고 있지만 지눌이 계율을 무시해서 그런 것은 아
니다. 계율이란 불교 승단의 삶을 규범화한 것이기 때문에 언제나
밑바탕이 되어야 한다. 초기 교단에서는 계율을 제도화한 것이 아니
라 상황에 따라 붓다가 말한 내용을 규범으로 삼는 정도였으나 승가
의 규모가 커지고 특히 여성이 승가에 들어오면서 계율이 점차 구체
화되고 체계화되기 시작했다.

계율은 크게 출가하지 않은 신자가 지켜야 하는 재가계와 출가한
승려가 지켜야 하는 사미계, 사미니계, 비구계, 비구니계가 있다. 사
미와 사미니는 출가해 열 가지 계율을 받은 남자와 여자 수행자를
각각 가리킨다. 이들은 일정 과정을 거친 뒤 구족계(具足戒, 정식 승려
가 되는데 필요한 계율)를 받고 남자는 비구, 여자는 비구니가 된다. 비
구가 지켜야 할 계는 250가지인데 비해 비구니가 지켜야 할 계율을
348가지나 된다. 정은 마음의 집중을 통해 혼란된 마음을 가라앉히
는 수행인 선정을 뜻하며, 혜는 선정을 통해 사물의 본성을 바로 보

는 지혜를 뜻한다. 흔히 정과 혜는 등불과 등불에서 비추는 빛에 비유된다.

삼악도는 욕계의 여섯 세계 중에서 가장 열등한 세 가지 세계, 즉 축생, 아귀, 지옥을 가리킨다. 모두 지혜는 없고 고통이 많은 곳이어서 해탈의 가능성이 적다.

이 삼학은 형식과 내용에 따라 구분이 있습니다. 바로 위에서 말한 것은 형식으로 본 것입니다. 내용으로 구분한다면 진리에는 본래 내가 없다는 것이 계율이고, 본래 산란함이 없다는 것이 선정이며, 본래 미혹됨에 없다는 것이 지혜입니다. 이러한 이치를 깨닫는 것이야말로 참다운 삼학이라 하겠습니다.

옛 어른이 말씀하시기를 "나의 사상은 부처님이 전해 주신 것으로서 선정이나 정진보다도 부처님의 안목을 중시하는 것이다."라고 했습니다. 이것은 형식으로서의 삼학을 부정하신 것이지 내용으로서의 삼학을 부정한 것이 아닙니다. 그러므로 중국 선종을 다시 일으켜 세운 혜능(慧能)이 "마음에 그릇됨이 없는 것이 자성(自性, 모든 존재에게 본래 갖추어져 있는 본성)의 계율이요, 마음에 산란함이 없는 것이 자성의 선정이요, 마음에 어리석음이 없는 것이 자성의 지혜다."라고 말씀하신 것이 바로 그것입니다.

이 내용은 원론적인 의미에서 삼학을 설명한 것이다. 본래 나라는 실체가 없으므로 이를 투철히 깨치면 탐욕과 증오와 어리석음이 일어나지 않는다. 그것은 모두 나에 대한 그릇된 집착에서 생기는 것이기 때문이다. 진리의 다른 이름인 마음의 본성에서 볼 때 마음의 산란은 허상에 불과한 것이므로 달리 선정을 닦을 필요가 없으며 미혹 또한 그러하므로 지혜를 찾을 것도 없다. 그러나 탐욕과 증오와 어리석음에 빠져서 마음의 본성을 깨닫지 못한 중생은 계율과 선정과 지혜를 닦지 않을 수 없다. 삼학보다 부처님의 지혜를 중시한다는 말 역시 마음자리를 바로 깨치는 것이 중요하다는 것을 강조한 것이다.

중국 선종에 새로운 기풍을 일으킨 제6대 조사 혜능 대사가 말한 자성 역시 마음의 본성을 가리킨 말이다. 마음의 본성은 진여, 법성(法性), 자성, 일심, 한 물건, 불성 등 맥락과 관점에 따라 다양한 이름을 갖는다.

선정이 으뜸

또한 선에는 얕고 깊은 것, 이른바 외도선(外道禪), 범부선(凡夫禪), 이승선(二乘禪), 대승선(大乘禪), 최상승선(最上乘禪)이 있는데 자세한 것은 《선원제전집(禪源諸詮集)》에 실린 것과 같습니다. 앞에서 말한 바와 같이 '심성이 본래 깨끗하고 번뇌가 본래 공했다.'라는 것은 최상승선에 해당합니다. 그러나 처음 시작하는 사람들에게 맞는 수행론이 있어야 하겠기에 이 글에서 방편(方便, 상황에 따라 쓰는 방법과 수단)과 실질을 함께 다루고자 합니다. 반드시 유념하기 바랍니다.

선은 불교에서 특정한 의미로 쓰이기는 하지만, 마음의 집중에 의해 심리적인 평정을 추구하는 일련의 행위와 동작을 모두 포함한다. 따라서 명상에 준하는 뜻으로 볼 수도 있다. 외도라는 말 역시 불교에서 봤을 때 바깥의 전통이라는 의미로 유교나 도교, 요가 등의 명상법 일체를 가리킨다. 불교에서는 이런 명상 수행이 일정 수준까지는 불교와 큰 차이가 없지만 궁극적으로는 윤회로부터 해탈할 수 있는 가르침이 아니라고 본다. 선의 깊고 얕음과 좁고 넓음을 구분한 규봉 종밀 선사의 《선원제전집》을 인용하면 다음과 같다.

"선의 가르침에도 깊고 얕은 수준의 차이가 있다. 다양한 방식으로 천상에 태어나고자 하는 것이 외도선이고, 인과의 법칙을 믿어서 나쁜 인과응보를 초래하지 않도록 노력하는 것이 범부선이며, 공의 진리를 깨우치고자 수행하는 것이 소승선이다(이 글에서는 이승선이라고 표현됨). 사람과 사물이 모두 공하다는 진리를 닦는 것이 대승선이며, 자신의 마음이 본래 깨끗하고 모든 것을 갖추어 그 마음 그대로가 바로 부처라는 진리를 깨닫고 이에 입각해서 수행하는 것이 최상승선이요 또한 여래청정선(如來淸淨禪)이다."

정과 혜가 비록 이름은 다르지만 그 핵심은 수행하는 사람의 신심(信心, 진리에 대해 확신하는 마음)이 물러나지 않고 스스로를 극복해 나가는 과정이라 할 것입니다. 《대지도론(大智度論, 인도의 용수가 지은 《대품반야경》에 대한 주석서)》에 이르기를 "설사 세상의 일을 추구하더라도 애써 노력하지 않으면 성취하지 못하는데 하물며 가장 뛰어난 진리를 배우는 데 어찌 선정에 힘쓰지 않겠는가?"라고 했습니다. 이어서 게송(偈頌, 부처의 공덕을 찬미하고 교리를 서술한 시구)에서는 "선정이라는 금강 투구가 번뇌를 막으니 선은 지혜를 지키는 곳간이요 공덕의 복전이다. 어지러운 티끌이 하늘을 가리면 큰 비가 씻어 내리듯이 번뇌와 망상의 바람이 마음을 흔들면 선정이 잠재운다."라고 했습니다.

끝없는 공덕과 가장 높은 지혜가 모두 선정의 힘에서 나오는 것이다. 말하자면 빛이 없는 등불도 없지만, 등불이 없이 불빛이 있을 수 없는 것과 같다. 등불과 불빛을 나눌 수 없기 때문에 정과 혜 또한 둘이 아니다. 그러나 논리적으로 구분하면 선정이 지혜에 앞서기 때문에 여기서는 선정을 위주로 해석하고 있다. 그래서 게송에서 선정은 번뇌와 망상을 잠재워 마음의 평정에 이르는 수행이므로 번뇌를 막는 금강 투구라고 했다. 지혜란 따로 구하는 것이 아니라 선정을 통해 마음의 본성을 확인하는 것이고, 선정으로부터 온갖 공덕이 나오므로 지혜의 곳간이요 공덕의 밭이라고 했다. 게송에서 두 번째 행은 선정이 번뇌와 망상을 가라앉힘을 비유한 것이다.

또 《대집경(大集經)》에서는 "선에 마음을 두고 있는 사람이 참으로 내 자식이다."라고 하시고, 게송에서도 "고요한 무위(無爲)의 부처님 경지에서 깨끗한 보리를 얻나니 선정에 든 사람을 훼방하는 것은 곧 여래를 훼방함이라."라고 했다. 그리고 《정법염경(正法念經)》에서는 "온 세상 사람을 구한 공덕도 밥 먹을 동안 마음을 단정히 하고 뜻을 바르게 하는 것만 못하다."라고 했고, 《기신론(起信論)》에서는 "만일 어떤 사람이 이 법을 듣고 비겁하게 약한 모습을 보이지 않으면 반드시 부처님의 씨앗을 이을 것이니 모든 부처님으로부터 수기(授記, 깨달은 사람에게 내리는 예시나 예언)를 받을 것이다. 가령 어떤 사람이 넓고 끝없는 세계에 가득한 중생을 교화해 열 가지 선행을 행하게 하더라도 밥 먹을 동안 이 법을 바로 생각하는 것만 못할 것이다."라고 했습니다.

《대집경》은 공 사상에 밀교적 요소가 가미된 대승 불교의 경전이며, 《정법염경》은 선악에 따라 받는 인과응보를 구체적으로 밝힌 대승 경전이다. 《기신론》은 《대승기신론(大乘起信論)》의 줄인 이름으로 인도의 마명(馬鳴) 선사가 대승 불교의 중심 사상을 이론과 실천에 걸쳐 설명했다고 알려진 매우 중요한 저술이다.

대승 불교 전통에서 선과 교는 대개 상대적인 개념으로 쓰이는데, 선은 실천 수행을 말하고 교는 이론적 탐구를 가리킨다. 불교는 지혜와 깨달음의 종교다. 경전을 읽거나 설법을 듣는 중에 지혜가 열리고 깨달음을 얻을 수 있는데 지눌 역시 세 번의 큰 깨달음을 모두 경전을 읽는 중에 얻었다. 그렇기 때문에 선만 높이고 교를 경시할 수는 없다. 선과 교는 서로 보완하는 관계로 수레의 두 바퀴에 비유되는 것도 그 때문이다.

마음의 본성을 깨치는 일도 마찬가지다. 경전을 보거나 선 지식의 말을 듣고 마음의 본바탕을 깨칠 수도 있지만 선정을 함께 닦는 것이 바르고 빠른 길이다. 지혜와 깨달음이 모두 마음의 본바탕을 분명히 보고 깨치는 것이니만큼 그 밖의 다른 수행이나 보살행보다 강조하고 있다.

죽음에 이르러 어디에 의지할 것인가?

이와 같이 선정에 의한 수행의 모든 공덕은 이루 다 말할 수 없습니다. 만약 선정의 고요함에 머물지 않으면 업식(業識, 업의 영향을 받는 의식)이 흔들어 본성에 안주할 수가 없습니다. 그래서 목숨을 마칠 때에는 별안간 고통이 닥쳐와 육신이 흩어질 때 마음은 걷잡을 수 없이 어지러워 천지 분간을 못합니다. 이 지경이 되면 위로는 하늘을 뚫을 꾀가 없고 아래로는 땅으로 들어갈 재주가 없어서 당황하고 두려워 마음 붙일 곳을 얻지 못하고 매미 껍질처럼 쓸쓸한 형색으로 외로운 혼이 되어 아득히 먼 길을 홀로 헤매게 됩니다. 살아 있을 때에 보배와 재물이 많다 해도 하나도 가져갈 수 없고, 자식과 식구가 있어도 한 사람도 따라와 보호해 주지 못합니다. 이것이 바로 자신이 업을 짓고 자신이 받는다는 것이니 누구도 그 길을 대신할 수 없습니다. 이럴 때를 만나 장차 무슨 수로 벗어나겠습니까? 작고 유한한 공덕으로써 이 환란을 면할 수 있다고는 말하지 마십시오.

선정을 통해 마음을 고요하게 다잡지 않으면 망념은 자동으로 나타나는데 이것이 업식이다. 오랜 세월 동안 몸과 입과 마음으로 익혀 온 성향이 일정한 조건이 되면 저절로 나타났다가 사라지는 것이다. 어떤 생각을 하거나 번뇌를 일으킬 때에도 자신의 의지에 의한 것으로 생각하지만 실은 의지조차 업의 힘에 영향을 받는 것이다. 이렇게 망상이 제멋대로 오갈 때 마음의 본성은 가려진다. 평소에도 그렇지만 선정을 닦지 않은 사람이 죽음에 임박했을 때에는 몸과 마음을 구성하고 있던 요소들이 무너지는 고통으로 인해 정신이 더욱 혼미해진다.

흔히 윤회를 미신으로 생각하고, 기껏해야 사람들을 선행으로 이끌기 위한 방편으로 여기는 경우가 있다. 이 글에서 지눌이 묘사한 죽음 역시 그런 시각으로 볼 수 있으나, 이를 단순히 비현실적인 생각으로 여겨서는 안 된다. 붓다의 삼명 중에서 숙명지증명은 상상할 수도 없이 오랜 과거의 삶으로부터 이어져 온 자신과 남의 전생을 세밀한 정황까지 볼 수 있는 능력이며, 육신통 중에서 천안통은 다른 사람이 죽은 뒤에 어떤 곳에서 어떤 삶을 살게 되는지 모든 것을 환히 알 수 있는 능력이다. 그리고 이러한 능력에 대해 붓다 자신은 분명하게 경험적 사실을 말할 때와 같은 어법으로 말하고 있다. 경험론자로서 붓다는 신화적인 것과 사실을 구분하고 있으므로 업과 윤회의 가르침은 비유적인 표현으로 볼 수 없다.

백장 화상(百丈和尙)께서도 말씀하시기를 "비록 복과 지혜가 있더라도 많이 들어 아는 것만으로는 구원될 수 없으니 이는 마음의 눈이 열리지 않았기 때문이다. 대상에 대해 생각할 줄만 알고 마음을 돌이켜 비춰 볼 줄은 몰라서 불교의 진리를 보지 못하는 것이다. 죽음이 닥쳐와 일생의 악업이 눈앞에 비쳐질 때 한편은 두렵고 한편으로는 즐겁기도 하며, 윤회하는 육도(六道, 욕계에 속하는 여섯 세계)의 오온이 눈앞에 나타날 때에는 크고 좋은 집과 배와 수레 등의 아름다운 색과 형상에 현혹되어서 다시 태어나게 되므로 그때그때의 업의 힘에 맡길 뿐 전혀 자유가 없다. 그래서 용도 되고 가축도 되는 등 귀하고 천한 존재로 나뉘어 태어나게 되는 것이다."라고 했습니다.

백장 화상은 당나라 선종의 승려다. 지식은 아무리 많이 축적되더라도 진리에 대한 통찰력과 지혜가 되지는 못한다. 이것이 일상의 논리 안에서의 추리와 분석의 한계다. 깨달음도 역시 아는 것이긴 하지만 아는 것에도 본질적인 것과 중요하지 않은 것의 차이가 있고 깊고 얕음이 있다. 고요한 선정의 힘 없이는 마음의 본성을 투철하게 깨달을 수가 없다. 백장 화상의 말에서 죽음이 닥쳤을 때 육도의 오온이 나타난다 함은 죽는 순간 고통과 두려움으로 마음이 안정되지 않은 상태가 되기 때문에 자신의 업을 보게 된다는 말이다. 그리고 그 업에 따라서 살아 있는 동안의 일생과 죽음 이후의 세계를 보게 된다는 것이다. 예를 들면, 악업의 성격에 따라 뱀의 몸을 받게 될 사람에게는 뱀의 몸과 형상이 좋고 아름답게 느껴져서 강하게 이끌리게 된다고 한다. 그리고 마치 자연의 법칙이 그러하듯이 중생은 자신이 지은 업의 힘에 따라 흘러갈 뿐 거기에서 벗어날 힘을 갖지 못한다.

깨어 있음과 고요함

그러므로 높은 학식과 견문, 원대한 뜻이 있는 사람은 "과거·현재·미래의 삼세(三世)의 업보가 털끝만치도 어긋나지 않으니 도망갈 데가 없구나. 만일 지금의 인연을 놓쳐서 수행하지 않으면 뒤에 반드시 괴로움을 받을 것이니 진실로 슬픈 일이 아닌가!"라고 깊이 살펴서 밤낮으로 실타래같이 얽힌 생각을 잊고 오롯이 앉아서 밖의 대상에 대한 집착을 버리고 마음을 거두어 안을 비추어 봅니다.

먼저 고요함으로써 생각의 얽힘을 다스리고, 다음에는 깨어 있음으로써 몽롱함을 다스립니다. 몽롱함과 산란함을 고루 다스리되 취하고 버리는 생각이 없어야 하며, 마음을 뚜렷하고 확연하게 트이게 해서 생각 없이 아는 경지에 이릅니다. 세상의 인연을 따라 일을 하더라도 해야 할 일과 하지 않아야 할 일을 살펴서 모든 일에 임하게 됩니다. 비록 하는 일이 있더라도 텅 빈 마음의 밝음을 잃어버리지 말고 언제나 담담한 마음을 지켜냅니다.

일숙각(一宿覺)이 말씀하시기를 "고요함은 바깥 대상의 선악에 이끌리지 않으려는 것이고, 깨어 있음은 멍청하고 흐릿한 마음을 막으려는 것이다. 고요하기만 하고 깨어 있지 않으면 멍청한 상태에 머무는 것이고, 깨어 있기만 하고 고요하지 않으면 그 역시 생각에 매여 있는 것이다. 고요하지도 않고 깨어 있지도 않으면 생각에 매여 있거나 몽롱한 상태에 머무는 것이며, 고요하기도 하고 깨어 있기도 하면 마음이 뚜렷하면서도 고요하니 이것이야말로 마음의 근본으로 돌아가는 길이다."라고 했습니다.

일숙각은 영가 현각(永嘉玄覺)의 다른 이름으로 혜능 선사를 찾아가 하룻밤을 자면서 깨달음을 얻었다 해서 그런 별명으로 불리게 되었다. 자연계의 인과응보는 엄연하듯이, 업에서 인과응보의 법칙도 조금도 어긋남이 없다. 그러나 업의 인과율이 기계적인 것은 아니다. 여러 가지 조건과 원인이 서로 의존해서 일어난다는 연기의 법칙으로 본다면 현재의 내가 겪는 삶의 조건 속에는 앞서 지은 업이 부분적으로 작용하고 있다. 가령 천재지변으로 인해 겪는 고통의 원인을 온전히 과거의 존재가 지은 업으로만 돌리는 데는 무리가 있는 것이다. 그러나 한번 이루어진 업은 늦고 이른 차이가 있을지언정 반드시 그 결과를 낳는다. 그래서 다시 업을 짓게 되는데, 업에 의한 윤회의 고통에서 벗어나기 위해서는 오로지 마음을 닦는 선정에 모든 힘을 쏟아야 한다. 선정에서 중요한 점은 깨어 있음과 고요함이다.

고요해야 망념의 날뜀이 가라앉고, 깨어 있어야 몽롱한 상태를 벗어나 관조할 수 있다. 이것이 '깨어 있음과 고요함을 균등하게 지닌다.'라는 것이다. 만약 고요하기만 하고 깨어 있지 않다면 혼수 상태와 다를 바가 없고, 깨어 있지만 고요하지 못하다면 발광 상태와 비슷하다. 그러므로 깨어 있으면서도 고요한 상태에 머물러야 비로소 마음의 본성이 드러나는 것이다. 그리고 "생각 없이 아는 경지"라는 것은 일상적인 주체와 객체의 관계를 떠나서 안다는 뜻이다. 생각으로 아는 것은 아무리 빼어난 지혜라도 망념이요 번뇌다. 생각을 쉬고 마음을 잊은 경지에서 주체와 객체의 나눔이 없는 상태의 앎이 참다운 앎이요 지혜다.

또 《십의론주(十疑論註)》에서 말하기를 "생각 없음이 곧 진리와 하나가 되는 것이니 모름지기 깨어 있으면서도 고요할 수 있어야 망념을 일으키지 않아서 세계의 참모습을 알 수 있다."라고 했으며, 옛 어른이 말씀하시기를 "범부는 생각도 있고 아는 것도 있고, 이승(二乘)은 생각도 없고 아는 것도 없으며, 부처님은 생각 없이 안다."라고 했습니다. 이러한 말씀은 모두 마음 닦는 사람으로 하여금 정과 혜를 함께 닦아서 불성을 볼 수 있게 하는 훌륭한 가르침입니다. 지혜가 있는 사람이라면 자세히 살펴야 할 것이요, 대략적인 뜻만을 취하고 참다운 수행을 버려서는 안 될 것입니다.

《십의론주》는 중국의 천태 지자(天台智者, 천태 사상을 집대성함)가 《아미타경(阿彌陀經)》을 풀이한 《정토십의론(淨土十疑論)》을 다시 풀이한 책이다. 여기서도 앞의 내용에 이어 깨어 있음과 고요함을 함께 지킬 것을 강조하고 있다. 고요함이란 생각을 쉬는 것이므로 무념의 상태를 말한다. 이때 여러 생각으로 대상을 왜곡하지 않고 사물의 참다운 모습이 있는 그대로 드러나므로 진리와 하나가 된다고 한 것이다.

범부는 생각도 있고 아는 것도 있으나 망념으로 그릇되게 안다는 말이다. 이승은 성문승(聲聞乘, 붓다의 가르침을 직접 들은 제자)과 연각승(緣覺乘, 혼자서 연기의 진리를 깨친 수행자)으로 소승 불교의 가르침 및 그 수행자를 말한다. 그런데 소승은 망념을 끊어서 생각이 없으나 지혜의 비춤도 없기 때문에 생각과 아는 것이 함께 없으며, 오직 부처님만이 생각 없이 알 수 있는 경지라는 뜻이다. 마음의 본성은 생각으로 아는 것이 아니라 무념으로 아는 것이다.

밖에서 찾지 말라

누군가 다시 물었습니다.

"부처님의 훌륭한 가르침은 깊고 넓어서 생각하기 어렵습니다. 그런데 이 말법 시대의 중생들에게 마음을 비추어 보고 불도를 이루라고 하면 뛰어난 기질을 가진 사람이 아닌 이상 의심하고 비방하지 않겠습니까?"

내가 웃으며 말했습니다.

"앞의 물음에서는 그렇게 자만에 차 있더니 이제는 왜 그렇게 몸을 낮추어 묻습니까? 서둘지 마십시오. 당신을 위해 설명해 드리겠습니다. 마명 보살이 수백 권에 이르는 대승 경전의 뜻을 모으고 정리해서 《기신론》을 지으면서 이렇게 말씀했습니다. '법이란 곧 중생의 마음을 말한다. 이 마음은 존재하는 모든 세계와 이 세계를 뛰어넘은 진리의 세계까지 모두 포괄하므로 이 마음에 의지해서 마하연(摩訶衍)의 큰 뜻을 나타낸다.' 이는 중생이 자신의 마음이 신령하고 자유로운 것인 줄 알지 못하고 밖에서 도를 구하지 않을까 염려한 말씀입니다."

불교에서 법은 여러 가지 의미로 쓰이지만 여기서는 인식된 현상을 가리킨다. 인식하는 주체와 상관없이 존재하는 대상은 무의미하므로 모든 사물은 인식하는 주체의 작용과 서로 관계를 갖고 있는 한에서만 의미가 있다. 따라서 법은 객관적 현상과 주관적 인식 작용을 동시에 의미하며, 일상적 영역과 초월적 영역을 모두 포괄한다. 한마디로 법은 일체의 모든 사물이자 그에 대한 인식이다. 대승에서는 모든 법 즉, 사물이 달리 본체가 없고 오로지 한마음으로 본체를 삼는다고 보기 때문에 "법이란 중생의 마음을 말한다."라고 한 것이다. 그러므로 중생의 마음을 떠나서는 본체도 없고 깨달음도 없으며 수행도 있을 수 없다.

마하연은 산스크리트어 '마하야나(mahayana)'의 음역으로 '큰(maha) 수레(yana)', 즉 대승의 가르침을 뜻한다.

《원각경》에 이르기를 "모든 중생의 가지가지 환상과 변화가 여래의 원만하고 묘한 깨달음에서 나온 것이니 마치 환각처럼 꽃이 허공에서 생겨난 것과 같다."라고 했습니다. 또 배상국(裵相國)은 "생명이 있는 것은 모두 아는 작용이 있는데 아는 작용이 있는 모든 것은 반드시 한 몸이니 소위 참되고 맑고 밝고 묘하고 텅 비어 있으며, 신령스럽게 통해 우뚝 홀로 높은 것이다. 이것을 등지면 범인이요 따르면 성인이다."라 고 했습니다. 그리고 운개지(雲盖智, 미상) 선사는 항상 문인들에게 말씀 하시기를 "오직 마음을 속이지 않으면 마음은 스스로 신령하고 성스 럽다."라고 했습니다. 이런 말씀이야말로 모든 경론과 천하의 선 지식 들이 남기신 말씀 가운데 핵심인 것입니다.

그러나 요즘 사람들은 스스로 자기 마음에 속고 있기 때문에 나날이 마음을 쓰면서도 믿지도 않고 수행하지도 않습니다. 설사 마음의 본성 을 믿는 사람이 있다 해도 명백히 알지 못해서 생각을 따라 오락가락 할 뿐입니다. 그러다 보니 단견과 상견의 잘못을 벗어나지 못해서 자 신의 생각만 고집스럽게 내세우게 되니 어찌 더불어 도를 논할 수 있 겠습니까?

번뇌·망상과 마음의 본체는 같지도 않지만 다른 것도 아니다. 마 치 바닷물과 파도의 관계처럼 망념도 마음의 본체를 떠나 생겨난 것 이 아니다. 파도를 보되 바닷물인 줄 분명히 알면 성인이고 그것을 모르고 파도에 현혹되면 중생인 것이다. 마찬가지로 중생의 온갖 모 습 또한 원래는 여래의 깨달은 마음이 전개된 것이다. 배상국은 당 나라의 대학자로 규봉 종밀의 법을 이은 배휴(裵休)를 말한다. 배상 국은 마음의 본성을 '아는 작용' 속에서 확인했다. 아는 작용이 고요하되 어둡지 않고 밝게 비추는 까닭은 마음의 본성이 작용했기 때문이다.

　마음을 속이지 않으면 마음은 본래 신령스러운 것이라는 운개지 선사의 말은 파도에 속지 않고 그것이 본래 바닷물임을 아는 것과 같다. 마음의 그림자, 혹은 마음의 작용에 현혹되어 그 본체를 잃어버리는 것을 경계한 말씀이다. 설사 마음의 본성을 이해하고 그에 대한 믿음이 어느 정도 형성되었다 하더라도 힘써 그 본체를 끝까지 밝혀내지 못하면 생겨남도 없고 소멸됨도 없는 마음의 본성을 알지 못하고 상견과 단견에 빠지게 되는 것이다.

4. 단박의 깨침과 점차로 닦음

4. 단박의 깨침과 점차로 닦음

생각 없는 생각이란?

누군가 물었습니다.

"경론에는 수많은 삼매(三昧, 한 가지 일에만 마음을 두어 정신을 집중하는 수행)와 끝없는 가르침이 그물을 펴서 하늘을 덮고 땅을 감싸듯이 베풀어져 있습니다. 모든 보살이 이러한 가르침을 받들어 행해 깨달음을 얻는 것이며, 삼현(三賢)과 십지(十地)의 보살, 그리고 등각(等覺)과 묘각(妙覺)의 지위에 오르는 것입니다. 그런데 단지 깨어 있음과 고요함만으로 산란한 생각과 정신의 혼미함을 다스려서 마침내 부처님과 같은 경지에 오른다고 말씀하시는 것은 마치 물거품을 바다로 아는 것과 같은 잘못이 아니겠습니까?"

중국의 화엄 사상이나 천태 사상 등 교학에서는 수행의 갈래를 여러 가지로 분류하고 그 수행의 지위 또한 수십 단계로 구분하고 있다. 여기서는 수행의 길이 이렇게 다양하고 어려운데 어떻게 깨어 있음과 고요함의 두 길만으로 불교의 수행론을 모두 포괄할 수 있겠느냐고 물은 것이다. 《화엄경(華嚴經, 붓다의 깨달음의 세계를 비유와 상징을 통해 구현한 경전)》에서는 붓다가 되기까지를 52단계로 나누는데 십신(十信), 십주(十住), 십행(十行), 십회향(十廻向), 십지, 등각, 묘각이 그것이다. 삼현은 52단계 중 십주, 십행, 십회향의 단계에 있는 보살을 가리킨다. 제51위인 등각은 지혜와 덕이 부처님과 비슷한 단계며, 묘각은 52단계의 마지막으로 보살에서 부처님이 된 단계다.

내가 대답했습니다.

"오늘날 부처의 성품을 갖추고 돈종(頓宗)에 확고한 믿음과 이해를 가진 사람은 자신의 마음이 항상 고요한 가운데 깨어 있으므로 만행을 함께 닦아도 오직 무념으로 일관하고 무위로 근본을 삼습니다. 생각이 없고 의식적 행위가 없기 때문에 시간이 없고 지위가 없어서 점진적인 수행의 차별도 없으며, 동시에 진리의 내용상의 차별도 없는 가운데 모든 것이 충족되어 있습니다. 무궁무진한 가르침과 공덕이 마음 가운데 갖추어져 있으므로 마음은 마치 여의주와 같습니다."

돈종이란 복잡하고 오랜 수행을 거칠 필요 없이 단번에 깨달음을 얻게 하는 선종의 가르침 일반을 말한다. 마음의 본성이 곧 깨달음의 본체라는 것을 믿고 이해하는 사람은 마음이 고요하고 깨어 있는 상태가 모든 것을 포함하고 있음을 안다. 그리고 고요하고 깨어 있는 마음은 생각이 없고 따라서 작위적인 마음이 없다. 그렇기 때문에 무념과 무위를 말한 것이다. 생각이 없고 작위가 없으니 시간과 공간도 없고, 처음과 나중도 없으며, 낮고 못한 것이나 다양한 가르침의 차별도 군더더기에 불과하다. 마음의 근본에 이 모든 것이 다 갖추어져 있다고 한 것은 변화무쌍한 세계의 모습이 모두 불가사의한 마음으로부터 전개된 것이라는 의미다. 선과 공덕뿐만 아니라 악과 번뇌 역시 부처님의 끝없는 지혜에서 나온 것이라는 말이 뜻하는 바와 같다.

고요함과 깨어 있음에 대해서는 생각을 떠난 마음의 본체에 입각해서 말하기도 하고, 작용하는 원리에 입각해서 말하기도 합니다. 수행과 본성이 어우러져서 진리와 실천을 함께 통달하는 것이므로 수행의 길로서 이보다 더 지름길은 없습니다. 오직 뜻을 세우고 마음을 닦아서 삶과 죽음의 질곡을 벗어나는 것이 먼저인데 어찌 개념과 이론에 얽매여 논란하면서 수행에 장애를 일으키겠습니까? 생각을 떠난 마음의 본체를 알게 되면 곧바로 부처님의 지혜와 같아질 것인즉 어찌 삼

현과 십성(十聖, 십지와 같은 뜻)의 지위가 있는 점차적인 가르침(교종)을
말하겠습니까?

고요함과 깨어 있음은 마음의 본체가 고요한 측면을 나타내는 것
만이 아니라 수행 원리기도 하다. 그럴 때 고요함은 마음을 고요하
게 유지하는 지(止)가 되고, 깨어 있음은 고요함을 바탕으로 관조하
는 작용인 관(觀)이 된다. 즉 고요함과 깨어 있음은 붓다의 정통 수행
법인 지관과 서로 통한다. 그러므로 수행이란 그 단계와 종류를 풀
어헤치면 끝이 없지만 거두어들이면 고요함과 깨어 있음으로 귀착
된다. 지눌은 마음의 본성을 제대로 알게 되면 팔만대장경의 이치를
일시에 통달할 수 있으므로 점차적인 수행에 매달려서는 안 된다고
말하는 것이다. 이는 나무를 잘 자라게 하기 위해서 보이지 않는 뿌
리에 거름을 주는 것과 같다.

《원각수증의(圓覺修證儀, 미상)》에서는 "단번에 깨닫는 가르침에는 일정
하게 정해진 지위가 없으니 마음이 청정하면 곧 진리다."라고 했습니
다. 그리고 《기신론》에 따르면 "소위 깨달았다는 것은 마음의 본체가
생각을 떠나 있다는 의미다. 이렇게 생각을 떠난 마음의 상태는 허공
과 같이 두루 미치지 않는 데가 없어서 온 세계가 한 모습이고 이것이

또한 여래의 진리의 몸이다."라고 했고, 이어서 "만일 중생이 무념에 이르면 이것이 바로 부처님의 지혜로 가는 길이 되기 때문이다."라고 했습니다. 또 중국 선종의 제4대 조사인 도신(道信, 중국 선종의 제4대 선사) 선사가 융(融) 선사에게 말씀하시기를 "무릇 온갖 삼매와 끝없는 묘한 진리가 모두 네 마음에 있다."라고 했습니다.

그러므로 명심하십시오. 자신의 마음이 모든 법을 다 감싸고 있다는 것을 알아야 하며, 성인의 가르침이 천 갈래 만 갈래로 다른 것은 중생의 기질과 능력에 따라 가르침을 베풀어 마음의 본성으로 돌아가게 한 것임을 알아야 합니다. 이것을 알지 못하고 말과 문자의 뜻만 고집하고 스스로 비굴한 마음을 내어서 삼아승기(三阿僧祇) 동안 닦아서 점차 지위를 높여 가겠다는 것은 성종에 뜻을 두어 마음을 닦는 사람이 취할 도리가 아닙니다. 만일 이러한 병이 있거든 지금이라도 바로 고치기를 바랍니다.

삼아승기는 삼아승기겁(三阿僧祇劫)의 준말이다. 아승기는 산스크리트어 아상키야(asamkhya)의 음역으로 셀 수 없는 수를 말한다. 겁은 산스크리트어 칼파(kalpa)의 음역으로 상상할 수 없이 오랜 시간을 가리킨다. 그러므로 삼아승기겁은 이렇게 오랜 기간을 세 번 반복한 것이다. 융 선사는 우두종(牛頭宗)이라는 선종의 일파를 연 개조(開祖)가 되었다.

여기서 "마음이 청정하다."라는 것은 마음의 번뇌가 없다는 말이고, 번뇌가 없다는 것은 또한 마음에 생각이 없다는 말이다. 마음의 본체를 알지 못하는 상태의 모든 생각은 번뇌와 망상이기 때문이다. 그렇기 때문에 마음을 허공에 비유하고 또 무념무상을 말하는 것이다. 문제는 '생각을 떠난 마음'이 과연 존재할 수 있느냐 하는 것과 있다면 어떤 것이냐다. 이는 앞에서 얘기한 '한마음'에 대한 설명에서도 나왔듯이 생각이 닿지 않는 곳이기 때문에 생각을 떠난 상태에서 비로소 경험할 수 있는 것이다.

우리가 윤회를 벗어나지 못하는 까닭은 바로 우리의 생각에 얽매여 옳고 그름과 선과 악을 분별하기 때문이다. 그러나 그러한 분별된 모습은 모두 마음의 본체에서 전개된 현상에 불과하다. 오직 그러한 분별된 생각, 혹은 생각의 분별을 떠남으로써 마음의 본성으로 되돌아갈 수 있는 것이다. 우리는 언제나 생각에 의존해서 살아왔고 생각으로 자신의 정체성을 확인하기 때문에 생각을 떠난 마음이라는 것은 상상할 수도 없다. 그렇기 때문에 마음의 본성에 대한 믿음과 이해를 강조하는 것이다.

단박과 점차

최근에 아는 분으로부터 《오위수중도(五位修證圖)》를 얻어 보았습니다.
건주(建州) 대중사(大中寺)에서 공부하는 승려 영년(永年)이 그림으로 풀
이하고 항주(杭州) 상부사(祥符寺)의 화엄학자인 명의(明義) 대사 담혜(曇
慧)가 설명을 붙인 것입니다. 그런데 그 서문에 "가장 높은 보리는 아
승기겁을 두고 오위의 수행과 육도(六度, 육바라밀을 말하며 보살이 행하는
보시, 지계, 인욕, 정진, 선정, 지혜의 여섯 가지 수행)가 원만해야 깨달을 수
있는 것이 사실이다. 그러나 단박 깨치는 돈오와 점차 닦는 점수의 두
가지 길이 있으니, 이 중에서 원돈문(圓頓門, 단번에 완전하게 깨닫는 가르
침)은 중생의 세계에서 불성을 갖춘 사람들이 한 생각에 번뇌를 등지
고 깨달음에 이르는 것이다. 즉 아승기겁을 지나지 않고 바로 깨달음
의 경지에 오르는 길로서 단번에 뛰어 올라 성품을 보고 붓다가 되는
것이다. 삼승(三乘)에서 말하는 점차 닦는 길은 오위의 성현이 삼아승
기겁을 지난 뒤에야 비로소 바른 깨달음을 이룬다."라고 했습니다.
그림 속에서 돈오점수의 특성을 설명할 때에도 둘을 뒤섞지 않은 것
은 중생이 가진 근본의 힘이 이승, 보살, 불종성(佛種性, 붓다가 될 가능
성을 지닌 존재) 등으로 예리하고 둔한 차이가 있기 때문입니다. 이렇게
교학에서도 불성을 갖춘 중생은 이 세상에서 부처님의 경지를 단번에

깨달을 수 있다고 말하고 있으니 어찌 남종선(南宗禪)에만 돈오의 가르침이 있다고 하겠습니까?"

여기서 말하는 《오위수증도》는 교종의 하나인 화엄종의 학자가 수행의 단계를 도표로 상세하게 해설한 것이다. 일반적으로 교종에서는 보통 사람이 처음 마음을 내어서 깨달음을 얻기까지에는 아승기겁이라는 상상할 수조차 없는 오랜 세월에 걸쳐 52단계를 밟아야 한다고 말한다. 그러면서도 단박 깨닫는 길과 점차 닦아 나가는 길 두 가지를 함께 제시하고 있다. 단번에 뛰어 올라 성품을 보고 부처님의 경지에 이른다는 것은 선종의 주장이다. 여기서 성품이란 물론 마음의 본성, 곧 불성을 가리킨다. 그러나 사람의 기질이나 능력에는 차이가 있기 때문에 돈오의 길을 가는 사람도 있고 점수의 길을 택하는 사람도 있다. 여기서 지눌은 돈오의 가르침이 선종만의 전유물이 아니라 교종의 배경에도 존재하고 있음을 지적한 것이다. 삼승은 몇 가지 다른 의미로 쓰이나 일반적으로는 소승 불교라고 불리는 성문승과 연각승, 그리고 대승의 보살도인 보살승 세 가지를 가리킨다. 그리고 중국 당나라 때 선종은 신수(神秀)를 중심으로 한 북종선과 혜능을 중심으로 한 남종선으로 갈리는데 보통 남종선을 중국 선종의 정통으로 본다.

5. 지금 이 자리에서 깨달음을
어떻게 얻을 것인가?

5. 지금 이 자리에서 깨달음을 어떻게 얻을 것인가?

누구나 깨달을 수 있다

교와 선을 배우는 사람은 비록 **빼어난** 가르침을 만났다고 하더라도 자신은 뒤로 물러나서 성인의 몫이라고 미루어 둡니다. 그렇기 때문에 나날이 보고 듣고 깨닫는 자신의 마음의 본성이 바로 견줄 데 없는 큰 해탈임을 제대로 보지 못합니다. 이렇게 의혹을 일으키기 때문에 단박 뛰어 올라 성품을 보는 사람이 삼승의 점차적인 수행을 거치지 않고 깨달은 뒤에도 완전하게 닦아 나가는 수행을 하는 데 문제가 없다는 점을 밝히고자 합니다. 또한 본성은 언제나 고요하고 깨어 있어서 수행의 근본과 지엽말단이 모두 원만하고 밝은 깨달음의 성품을 벗어나 있지 않은 것입니다. 바라건대 마음 닦는 사람으로 하여금 방편에서 실질로 나아가되 그릇된 길을 벗어나 모두가 함께 속히 가장 높은 보리를 얻기 바랍니다.

보통 사람들은 깨달음이나 해탈이 자신과는 비교할 수 없을 정도로 뛰어난 성현의 일이라고 생각한다. 특히 그런 경지가 밖에 있는 것이 아니라 우리의 참된 마음에 있는 것이어서 복잡하고도 오랜 수련을 거치지 않고 단번에 깨달아서 부처가 될 수 있다고 하면, 아무도 곧이들으려 하지 않는다. 그래서 지눌은 다시 점차적인 수행을 거치지 않고 단박에 뛰어 올라 깨달음을 이룬 뒤에 완전하게 닦아 나가는 수행이 가능함을 보여 주고자 한다. 깨달음이라고 하고, 닦음이라고 하지만 그것은 중생의 시각에서의 분별일 뿐이다. 깨달음이란 마음의 본성과 다른 것이 아니기 때문에 달리 닦아야 할 것도 없는 것이다.

《법집별행록(法集別行錄)》에 이르기를 "처음 깨달음에 마음을 일으킬 때부터 부처님의 경지에 이르기까지 오직 고요하고 깨어 있어서 변화도 없고 끊어짐도 없다. 지위에 따라 이름이 다르니 이치를 통달해서 깨달은 때에는 진리나 지혜라 하고, 마음을 일으켜 수행할 때에는 지와 관이라 하며, 본성에 따라 수행을 할 때에는 정과 혜라고 하며, 번뇌가 다 소멸하고 수행이 원만해서 부처님의 경지에 이른 때에는 보리와 열반이라 한다. 명심하라. 처음 깨달아 마음을 일으킬 때부터 부처님의 경지에 이르기까지 오직 고요함이요 오직 앎이라."라고 했습니다.

《법집별행록》은 당나라의 규봉 종밀이 쓴 책이다. 지눌은 이 책에 설명과 다른 자료를 덧붙여 《법집별행록절요병입사기(法集別行錄節要并入私記)》를 지었다. 불교는 둘이 아닌 가르침이다. 생각과 말로 개념을 나누고 이론을 세우지만 만물이 본래 하나의 마음이라는 총체성의 철학이다. 그렇기 때문에 무명과 번뇌는 지혜와 해탈과 다른 것이 아니다. 오직 중생의 분별하는 마음으로 인해 그것이 하나인 줄 모르고 나누고 가를 뿐이다. 그래서 방편에 따라 여러 이름을 갖게 되는 것이다.

처음 진리에 뜻을 둘 때부터 깨달은 이후까지 오로지 고요하고 밝게 아는 마음의 성품은 티끌만큼이라도 더하거나 뺄 것이 없다. 처음 마음을 일으켜 수행한다는 것은 번뇌와 망상을 대치하기 위해서 마음의 산란함을 잠재우고 번뇌의 연기적 성품과 공성을 보는 것이다. 그러나 정혜의 수행은 모든 것이 마음의 본성이 드러난 것이라는 근본 이치에서 출발하기 때문에 본성에 따른 수행이라고 한 것이다.

이 말씀에 따르면 보통 사람이 빛을 돌이켜 비추고 방편을 잘 알며 몽롱함과 산란함을 잘 다스린다면 깨어 있으면서 고요한 이 마음이 바로 원인과 결과를 갖춘, 변하지 않고 끊어지지도 않는 깨달음의 본체임을 잘 알 수 있습니다. 단지 성숙된 정도와 밝고 어두운 정도에 따라 달리 부르는 것입니다.

그렇다면 그 마음의 본성을 어떻게 알 수 있을 것인가? 지눌은 여기에서 빛을 돌이켜 비추고, 방편을 잘 알고, 몽롱함과 산란함을 잘 다스려야 한다고 말한다. 빛을 돌이켜 비춘다는 것은 밖의 대상을 향해 나아가지 않고 '대상을 향하는 마음 자체'를 보는 것이다. 그것이 바로 마음의 본성이요 불성이기 때문이다. 그러기 위해서는 각자의 소질이나 환경 등에 따라 이제까지 전승되어 온 다양한 수행법을 선택해야 할 것이다. 이것이 방편을 잘 아는 것이다. 몽롱함과 산란함을 다스리는 것은 앞에서 설명한 바와 같이 깨어 있음과 고요함이다.

변하는 것과 변하지 않는 것

만일 원만하게 비추는 마음의 진실하고 변치 않는 성품이 움직이거나 고요하게 있는 가운데 함께 융화해서 세계의 본모습(법계)을 깨닫게 되면, 보살의 모든 경지의 공덕과 무수한 진리의 가르침[법문(法門)]과 과거·현재·미래가 바로 이 마음을 떠나 있지 않음을 비로소 알게 될 것입니다. 마음의 본성이 신령하고 자유로워서 온갖 사물을 머금고 있고 온갖 사물이 마음의 본성을 떠나지 않아서 움직이거나 움직이지 않거나, 본체거나 현상이거나, 인연 따라 변하는 것이거나 변하지 않는 것이 서로 장애가 없게 되니 옛날과 지금, 보통 사람과 성인, 선과 악을 분별하는 마음이 사라지게 됩니다. 이렇게 마음의 작용이 점점 확장되어 보살의 지위가 상승함에 따라 자비심과 지혜가 점점 원만해지고, 중생을 구제하되 처음부터 끝까지 한 생각, 하나의 법, 하나의 행위도 변한 것이 없습니다.

세계는 마음의 본성이 전개한 것이므로 법계란 곧 마음과 다른 것이 아니다. 그래서 법계를 깨닫는 것은 마음을 깨닫는 것이다. 세계에 존재하는 일체의 사물이 모두 한마음을 떠나 존재하는 것이 아니다. 시간도 먼저와 나중이 있어서 현재에서 과거로 흘러가는 듯이 보이지만 그것은 어리석은 중생의 눈에 그렇게 비치는 것일 뿐 본래 흐름과 변화가 없으며, 공간상의 다양한 사물도 실은 한마음의 작용에 불과하다. 의상(義湘, 신라의 고승)의 《화엄일승법계도(華嚴一乘法界圖, 화엄 사상의 핵심을 정리한 글)》의 말씀과 같이 참된 마음의 본성은 극히 신비로워서 스스로의 고요한 성품만을 지키지 않고 인연 따라 만물을 이루어 낸다. 마음의 본성에 접근하면서 점점 지혜와 덕이 성숙되고 중생을 구제하는 보살행을 하지만 그 또한 근본적인 의미에서는 변화가 없는 변화다.

《화엄론(華嚴論)》에 이르기를 "자신의 마음속에 있는 분별하는 생각의 씨앗인 근본무명(根本無明, 가장 본질적인 번뇌)이 그대로 진리의 몸인 부동지불(不動智佛, 영원한 진리로서의 부처)이요 세계의 본체와 작용이니, 번뇌를 통해 십신의 계위를 밟아 깨달음으로 들어가는 것이다. 이렇게 십신의 지위로부터 닦아 들어가서 십주, 십행, 십회향, 십지 그리고 십일지(十一地)에 이르기까지 근본적인 부동지불을 떠나지 않으며 한 시점, 한 생각, 한 행위 가운데 무한한 법문이 갖춰져 있으니, 진리와 근본적인 부동지불에 대한 믿음을 바탕으로 깨달음을 향하는 것이다."라고 했고, 또한 "삼승권교(三乘權教)의 열등한 중생을 위해 삼세와 세간(世間, 중생이 서로 의지하며 사는 세상)을 긍정하고 삼아승기겁을 거쳐야 불도를 이룬다고 말한 것과는 다르다."라고 했습니다.

근본무명은 모든 것이 한마음의 작용임을 모르고 분별하는 근본번뇌를 말한다. 부동지불은 모든 존재의 본성으로서의 진리를 말하며 법신이라고도 할 수 있다. 《화엄론》은 당나라 이통현(李通玄) 장자(長者)가 《화엄경》을 풀이한 마흔 권의 저술인데 지눌이 그것을 세 권으로 요약하고 정리해서 《화엄론절요(華嚴論節要)》를 짓기도 했다. 지눌은 사상적으로 이통현 장자의 영향을 많이 받은 것으로 알려져 있다.

중생이 중생인 까닭은 마음의 근본을 알지 못하고 사물의 서로 다른 모습에 미혹한 분별하는 마음 때문이다. 그러나 그러한 분별하는 마음이나 미혹 역시 마음의 근본을 벗어나 있는 것이 아니다. 그렇기 때문에 근본무명이 곧 부동지불이라고 한 것이다. 그래서 수행의 처음부터 부처의 지위에 이르기까지 부동지불을 떠나지 않는다고 했다. 근본적인 관점에서는 무명의 중생도 없고 부처도 없으며, 닦을 수행도 도달할 목표도 따로 없다. 이러한 가르침을 이해하고 믿지 못하는 수행인에게는 마음의 본성에서 연기적으로 펼쳐진 시간과 공간을 중심으로 설명하는 것이다. 이것이 삼승의 방편적 가르침인 삼승권교다.

이 글의 요지를 말하자면 원종(圓宗, 우주의 모든 사물이 서로 걸림이 없이 완벽한 조화를 이루고 있다는 가르침)의 진리를 믿는 사람은 분별하는 종자인 마음의 근본무명으로서 부동지불을 이루어서 수행의 첫 단계인 십신의 지위로부터 구경위(究竟位, 부처의 경지)에 이르기까지 변화하고 파괴되는 모습이 없다는 것입니다. 이것이 이른바 '심성은 본래 자유롭고 거침이 없어 인연 따라 구르는 것 같지만 항상 변함이 없다.'라는 것입니다. 요사이 말과 글로만 수행하는 사람들은 입으로는 법계의 무애연기(無碍緣起, 일체의 사물이 서로 장애 없이 서로 의존하고 있다는 진리)를 말하면서도 처음부터 자기 마음의 위대한 작용을 돌아보지 않습니다. 이미 법계의 성품과 모습이 그대로 자기 마음의 본체와 작용임을 보지 못하는데 어떻게 자신의 잡된 생각으로 그 많은 경론의 뜻을 이해하겠습니까? 경전에 이르기를 "온갖 사물이 바로 마음의 성품인 줄 알아야 지혜의 몸을 이룰 것이니, 다른 것에 의해 깨닫는 것이 아니다."라고 했고, 또 "말로 하는 법은 조그만 지혜의 괜한 분별일 뿐이어서 그것이 장애가 되어서 마음의 본성을 터득하지 못하는 것이다. 자기 마음을 모르고서 어찌 바른 도를 알 수 있겠는가? 저들은 뒤집힌 지혜로 온갖 악을 키우고 있을 뿐이다."라고 했습니다.

"심성은 본래 자유롭고 거침이 없어 인연 따라 구르는 것 같지만 항상 변함이 없다."라는 말은 다음과 같은 선가의 게송에서 말하는 바와 같다.

"마음은 온갖 대상을 따라 구르니 구르는 곳 참으로 깊도다.
그 흐름을 따라 본성을 깨달으면 기쁨도 없고 슬픔도 없을 것을."

불변(不變, 마음의 본성은 본래 고요해 변화가 없음)이지만 수연(隨緣, 인연을 따라 온갖 사물을 이루어 냄)이어서 대상을 따라 구른다. 바꿔 말하자면 바뀌고 옮겨지는 것이다. 그러므로 고요한 본성만을 지키지 않고 구르는 모습과 이치는 참으로 헤아리기 어려운 것이므로 깊숙하다고 한 것이다. 만약 이러한 불변과 수연의 이치를 깨닫는다면 현상 세계의 변화에 따라 기뻐하거나 슬퍼하지 않게 된다. 본문에서도 법계의 성품과 모습이 자기 마음의 본체와 작용임을 분명히 밝히면서 마음의 본성을 분명히 깨치기 위해서는 생각을 떠나야 함을 거듭 강조한다. 생각이란 곧 말이요 글이기 때문에 언어 문자로서 마음의 본성에 다가갈 수 없음을 말한 것이다.

자신을 낮추지도 말고 높이지도 말라

그러므로 참된 법을 닦는 높은 선비는 이와 같은 간절한 말씀을 새겨들어야 합니다. 먼저 자신의 마음이 곧 모든 부처의 본바탕이라는 것을 철저히 믿고 그 근원을 비추어 보는 정혜의 힘을 낼 것이며, 단정하게만 앉아서 어리석음을 끼고 무분별을 흉내 내면서 큰 도를 닦는다는 말을 하지 말아야 합니다. 이른바 얽매여 있는 진여는 몽롱함과 산란함을 다 가지고 있으므로 얽매임을 벗어난 진여라야 정혜가 밝아서 전체와 부분이 조리 있고 앞과 뒤가 정연할 것이기 때문입니다. 부디 '이번 생에서는 오염된 번뇌를 다스리고, 다음 생에서는 그 청정함을 성취한다.'라는 식으로 근원을 관찰하지 않고 도가 어렵다는 생각만을 해서 수고롭게 점차 닦는 공부를 하겠다고 말하지 마십시오.

《유심결》에서도 다음과 같이 말하고 있습니다.

"어떤 경우에는 보살의 지위를 사양해 최고의 성인에게 미루며, 또 어떤 경우에는 덕을 쌓으며 삼아승기겁이 다 차도록 진리의 세계가 온전히 눈앞에 나타나 있는 것을 모르면서 도리어 오묘한 깨달음만 바란다. 이러고서야 어찌 모든 것이 본래 마음의 본성에 갖춰져 있다는 도리를 깨달을 수가 있겠는가? 그래서 깨달음이 오기만을 하염없이 기다리게 되는 것이다. 원만하고 변함없는 도에 들지 못하고 끝내 윤회의 나락에 떨어지는 것은 마음의 본성에 어두워서 참된 진리를 분간하지 못하기 때문이다. 그래서 깨달음을 버리고 번뇌를 따르며, 근본을 버리고 중요하지 않은 말단으로 나아가는 것이다."

법계는 오직 하나의 진여, 한마음일 뿐이다. 아름답든 밉든, 착하든 악하든, 모든 것이 진여 아님이 없다. 그렇기 때문에 굳이 현상계를 나누자면 묶인 진여와 자유롭고 거침없는 진여로 나눌 수밖에 없다. 한마음에 어두운 것은 묶인 진여요, 한마음을 깨친 것이 거침없는 진여다. 한마음을 밝게 안다면 우주의 실상이 그대로 드러난다. 어찌 본질이 아닌 중요하지 않은 말단의 현상에 얽매여 세월을 허송하겠는가. 여기서도 스스로를 낮추면서 점수를 취할 것이 아니라 돈오를 취할 것을 누누이 권장하고 있다.

이런 까닭에 마음을 닦는 사람은 자신을 굽히지도 말고 자만하지도 말아야 합니다. 자만하게 되면 바로 이 마음이 본성에 머물러 있지 않고 보통 사람이 되었다가 성인이 되었다가 순간적으로 떴다 가라앉는 신세에 떨어지게 됩니다. 그러므로 밤낮을 두고 열심히 노력해서 깨어 있되 망념이 없고, 고요하되 밝은 상태를 유지해서 수행의 길을 지켜야 합니다. 또한 자신을 굽히게 되면 이 마음이 영통하게 대상과 반응해서 언제나 눈앞에 분명히 드러나게 되니, 종일 인연을 따라도 변하지 않는 본성의 덕을 잃어버리게 됩니다.

"스스로 자신을 낮추지도 말고 스스로 높이지도 말라."라는 것은 모든 사람들에게 의미 있는 금언이지만, 특히 수행하는 사람들에게는 매우 중요한 덕목이다. 자신을 지나치게 높여서 이미 자신이 부처와 다름없다고 한다면 그것이 틀린 말은 아니지만, 아직 마음을 투철히 깨치지는 못했기 때문에 여전히 중생인 것이다. 그렇기 때문에 부처가 되었다가 중생이 되었다가 오락가락하는 것이라 했다. 자신을 지나치게 굽히게 되면 마음의 본성을 밝혀 부처가 되고자 하기보다는 스스로 비굴한 마음을 내어 본질이 아닌 수행과 작은 성취에 만족하게 될 것이므로 본성의 덕을 잃게 되는 것이다.

그렇기 때문에 어리석음과 애착으로 해탈의 근본을 삼고, 탐욕과 증오심으로 보리의 큰 작용을 나타내어서 불행한 경우나 순조로운 경우에서 벗어나 자유롭고, 묶임과 벗어남에도 구애되지 않아서 성종의 가르침에 부합하는 것입니다. 수행과 성품은 마치 새의 두 날개와 같아서 어느 하나를 없앨 수 없는 것입니다. 옛 어른의 말씀에 "적절하게 마음을 쓰고 적절하게 무심을 쓴다. 왜곡된 말은 모양새만 요란하고 곧은 말은 번거롭지 않다. 무심을 적절하게 쓰면 항상 마음을 써도 무심을 벗어나지 않으니 여기서 말한 무심이 유심과 다르지 않다."라고 했습니다.

어리석음과 애착, 탐욕과 증오심은 중생으로 하여금 윤회의 고통을 겪게 하는 독과 같은 것이다. 그러나 이러한 번뇌의 독 역시 깨달음의 지혜가 인연을 따라 나타난 것이므로 마음의 본성을 떠나 있지 않은 것이다. 번뇌가 마음의 본성을 떠나 있지 않으므로 번뇌를 통해 마음의 본성을 자각해서 순조로운 경우나 불행한 경우를 만나도 자유롭고, 속박이나 해탈에도 매이지 않을 수 있다. 이때 수행은 본성에 대한 자각에 근거하고, 본성 또한 수행을 통해 더욱 드러나게 되므로 수행과 본성은 새의 두 날개와 같고 수레의 두 바퀴와 같이 서로 의존하는 관계에 있는 것이다. 마지막 인용문은 마음을 써도 항상 마음의 본성에 근거해 마음을 쓰므로 마음에 집착이 없고, 따라서 유심이라 해도 무심과 다르지 않다는 말이다.

만일 뜻을 세워 닦아 나간다면 아무리 말법 시대의 중생이라고 하더라도 단견과 상견에 떨어지기야 하겠습니까? "셀 수 없이 많은 법문과 여러 보살 지위의 공덕이 모두 이 신비로운 마음의 본체에 다 갖추어져 있다."라고 했으니 이것이 어찌 우리를 속이는 말이겠습니까? 여기서 신비로운 마음이라 함은 깨어 있으면서 고요한 마음을 일컫는 것입니다.

단견과 상견은 생성과 소멸이 없는 마음의 본성을 알지 못할 때 생기는 두 가지 오류다. 처음부터 올바른 가르침에 근거한다면 그릇된 견해가 생겨날 수 없다. 이상에서 마음의 본성의 신비로움과 그 지혜와 덕에 대해 여러모로 살펴보았다. 이것은 우리가 일상의 경험과 이성으로 확인하고 증명할 수 있는 것이 아니기 때문에 마음의 이치에 대한 확고한 이해와 믿음이 필요하다. 그러나 마음의 본성은 우리의 경험을 완전히 벗어나 있는 것이 아니며, 어떤 의미에서는 경험 그 자체라고 할 수도 있다. 그런 의미에서 마음의 본성에 대한 믿음은 맹목적인 믿음과는 다르다. 마지막으로 지눌은 마음의 본성을 깨어 있음과 고요함이라는 두 가지 성품으로 마무리 지었다.

6. 이타행

6. 이타행

누군가 물었습니다.

"오늘날 마음 닦는 사람들이 널리 배우고 들은 것으로 설법을 하고 남을 가르치려고 하면 아무래도 안으로 비추는 수행에 소홀해지기 쉽습니다. 만약 남을 이롭게 하는 행동이 없다면 오로지 고요한 것만 찾는 무리들과 다를 것이 무엇이겠습니까?"

마음의 빛을 돌이켜 안으로 비추는 수행이 마음의 본성을 깨치는 수행이라는 것은 알겠지만 자칫 그런 식으로 안을 들여다보기만 하면 아무래도 남을 돕는 이타행에 소홀할 수 있으니 경전을 외어 설법하는 것보다 못하지 않겠느냐는 물음이다.

내가 대답했습니다.

"그것은 사람에 따라 다를 것이니 한결같이 말할 수는 없습니다. 말이나 글을 통해 도를 깨쳤든지, 교학을 공부해서 근본 도리를 알게 되었든지 간에 일단 법을 가릴 줄 아는 눈을 갖춘 사람이라면 많이 들었다고 해서 이름이나 형상에 집착하지는 않을 것입니다. 그러므로 남을 이롭게 하더라도 자신에 대해 애착하거나 미워하는 마음이 끊어지고 자비와 지혜가 점차 완전해져서 진리와 하나가 된다면 참다운 수행자라고 하겠습니다. 그러나 말과 글에 얽매여 편견을 지니며 교학을 공부한다면 마음의 본성에 미혹하게 되어 손가락과 달을 구분하지 못하게 됩니다. 그렇게 명예와 이익에 대한 집착을 버리지 못한 사람이 법을 설파하고 남을 제도하고자 한다면 마치 더러운 달팽이가 자신도 더럽히고 남도 더럽히는 것과 같습니다. 이런 사람을 어찌 '명예를 구하지 않고 정혜에 힘을 쓰는 사람'이라고 할 수 있겠습니까?"

지눌 스스로가 경전을 통해 깨친 경험이 있어서 그렇겠지만 지눌은 언어와 문자를 통해 도를 깨칠 수도 있다는 점을 인정하고 있다. 어쨌든 불교의 이치를 제대로 이해하고 있다면 아는 것이 많건 적건 간에 사물의 겉모습에 속지 않을 것이다. 그리고 진리를 바로 깨친 사람이라야 참으로 번뇌와 애착을 끊어서 완전한 지혜와 자비심으로 중생을 구제할 수 있을 것이라고 넌지시 말하고 있다. 본성을 보지 못한 미혹된 마음으로 중생을 구제하고자 한다면 자기는 물론 남도 그르칠 것이다. 지눌은 본성을 알지 못해서 명리에 집착하는 사람을 남과 자신을 함께 더럽히는 달팽이에 비유하고 있다.

《화엄론》에 "스스로 결박을 풀지 못하면서 남의 결박을 푼다는 것은 있을 수 없는 일이다."라고 했고, 지공 법사(誌公法師, 중국 위진 남북조 시대의 고승)는 자신의 《대승찬(大乘讚)》에서 "세상에 얼마나 많은 어리석은 사람들이 도를 가지고 도를 구하고자 하는가. 널리 여러 이론을 찾아 분주하기만 할 뿐 지식으로는 자기 자신도 구하지 못한다. 오로지 남의 어지러운 글만 뒤져서 스스로 지극한 이치를 알았다고 하지만 그것은 일생을 헛되이 보내는 것이니 영원토록 생로병사(生老病死, 나고 늙고 병들고 죽는 고통)의 굴레를 벗어나지 못하게 된다. 혼탁한 애욕에 마음이 얽매여서 벗어나지 못하니 무지에 뒤덮인 청정한 지혜의 마음은 스스로 괴롭다. 마치 참된 진리의 숲이 가시와 거친 풀에 뒤덮이는 것과 같구나! 누런 나뭇잎을 금으로 착각해서 진짜 금을 버리는 줄도 깨닫지 못하니 입으로 경전을 외어도 마음속은 늘 삭막할 뿐이다. 그렇더라도 하루아침에 본마음이 공하다는 것을 깨달으면 풍요로운 진리가 적지 않으리라."라고 했습니다.

아난존자(阿難尊者, 부처님의 사촌 동생으로 설법을 가장 많이 들은 제자로 일컬어짐)도 "오직 많이 듣는 것만으로는 도의 힘을 얻지 못한다."라고 했습니다. 이렇게 옛 성인의 가르침이 해와 달보다 더 밝은데 어찌 이리저리 말만 좇느라 자신의 몸을 구하지 못하고 영원토록 생사윤회에 빠져 있겠습니까?

"도를 가지고 도를 구한다."라는 말은 이미 자신에게 모든 것이 갖추어져 있으며 자신이 진리를 드러내고 있는 주체임을 모르고 헛되이 밖을 향해 진리를 구하는 것을 말한다. 빛을 돌이켜 자신이 항상 쓰고 있는 마음의 본성을 투철하게 깨치는 길만이 윤회를 벗어나는 길이다. 아무리 많은 지식을 쌓고 그럴듯한 논리로 무장하더라도 그것만으로는 끝없이 나고 죽는 고통을 면할 수 없다.

"혼탁한 애욕에 마음이 얽매여서 벗어나지 못하니 무지에 뒤덮인 청정한 지혜의 마음은 스스로 괴롭다."라고 했는데, 우리가 언제 닥칠지 모르는 죽음을 앞두고 탐욕과 증오와 어리석음에 뒤덮여 쾌락에 몸을 맡겨 즐기고 있는 중에도 마음속 지혜의 본성은 이를 괴로워하면서 끊임없이 깨달음을 불러 일으켜서 마음의 본성으로 돌아갈 길을 터놓고 있다는 것이다. 우리가 즐거움을 느끼든 괴로움을 느끼든 간에 언제나 본성의 지혜가 작용하는 것임을 분명히 깨달아야 한다. 붓다의 설법을 가장 많이 들은 것으로 알려져 있는 아난존자는 붓다가 입멸할 때까지 깨달음을 얻지 못했다. 그러므로 마음공부는 견문이 넓은 것만으로는 터득할 수 없다는 것을 지눌은 거듭 강조하고 있다.

그러나 가끔 관법 수행하는 여가에 성인의 가르침과 고승이 도에 들어간 인연을 찾아보아 그릇된 것과 바른 것을 가려서 남과 자신을 이롭게 하는 것은 괜찮을 것입니다. 오로지 밖으로 사물의 이름과 형상에 사로잡혀 바다 속의 모래를 세듯 분별하면서 헛되이 세월을 낭비하는 것과는 다릅니다. 옛 어른의 말씀에 "보살이 본래 남을 제도하기 위해 먼저 정혜를 닦는 것이니 한가하고 고요한 곳에서는 선을 닦기 쉽고, 욕심이 적으면 두타행(頭陀行, 의식주에 대한 탐욕을 버리고 고난을 무릅쓴 수행)으로 성인의 도에 가까워진다."라고 했으니 이 말씀이 그 증거입니다.

이미 남을 제도하기로 서원(誓願, 마음으로 하는 굳은 맹세)을 세웠으면 먼저 정혜를 닦아야 합니다. 그래서 도의 힘을 얻으면 자비의 문을 구름과 같이 펴서 물결을 타고 바다로 나갈 수 있을 것입니다. 이렇게 앞으로도 끝없이 고뇌하는 모든 중생을 구제함으로써 삼보(三寶, 불교의 세 가지 보물로 붓다와 그의 가르침과 승단을 말함)에 공양하고 부처님의 가업을 이어갈 것이니 어찌 고요한 것만 찾아 홀로 즐기는 무리들과 같다고 하겠습니까?

그렇다고 해서 이론적인 공부가 가치 없다는 것은 또한 아니다. 본성을 돌아보지 않고 밖으로 말만 배우고 글만 뒤지는 폐단을 지적한 것이지 자비심에서 나온 이타행을 부정한 것이 아니다. 오히려 중생을 제대로 교화하기 위해서 정혜를 닦으며 고요한 곳에서 참선 수행을 하거나 두타행을 하는 것이다. 정혜는 모든 수행의 근본이다. 정혜를 닦아서 힘을 얻게 되면 그 다음에 인연에 따라 중생을 제도한다. 끝내 고요한 곳에 앉아 자신만의 수행에 전념하는 것과는 다른 것이다.

7. 정토

7. 정토

본성에 대한 믿음이 근본이다

다시 물었습니다.

"오늘날의 수행자들이 정혜를 닦는다고는 하지만 도의 힘이 충분하지 못하기 때문에 정토(극락 세계)를 구하지 않고 사바 세계에만 머무르게 되면 고난이 닥칠 때 공부가 뒤로 처질까 염려스럽습니다."

정혜를 닦는 것이 바른길임을 인정하더라도 현실적으로 정혜만 닦다가 제대로 힘을 얻지 못할 경우에는 공부에 진전이 없을 뿐만 아니라 자칫 큰 어려움이 닥칠 경우에 좌절하지 않을까 우려를 표한 것이다.

내가 대답했습니다.

"이 또한 사람마다 달라서 한결같이 말할 수 없습니다. 진리를 향해 큰 마음을 일으킨 중생이 최상승선의 가르침을 듣고 물질적인 요소로 이루어진 육신이 물거품 같고 허깨비 같으며 여섯 가지 감각 대상 또한 허공의 꽃과 같다는 것을 알고, 자신의 마음과 본성이 바로 부처님의 마음이요 진리의 성품이라는 것을 깨닫는다면, 아득한 과거로부터 이어져 온 습기(習氣, 습관의 힘)가 있다 하더라도 자유롭고 거침이 없는 지혜로 다스릴 수 있을 것이니 이것이 바로 근본 지혜인 것입니다.

이른바 근본 지혜란 오래도록 익혀 온 습기를 굴복시키지도 않고 끊지도 않는 것입니다. 비록 방편적인 삼매를 통해 정신의 혼미함과 산란함을 벗어나긴 하지만, 망상과 분별이 참된 본성에서 일어나는 줄 알기 때문에 본래 깨끗한 성품에 그대로 맡겨서 집착하지도 않고 취하지도 않습니다. 바깥의 인연을 따라 겪는 순조로운 경우나 불행한 경우도 다 마음에 따른 줄 분명히 알아서 자신과 남이 따로 없고, 주인과 객이 따로 없기 때문에 사랑하고 미워하고 성내고 기뻐하는 마음이 일어나지 않을 것입니다."

몇 가지 요소가 서로 의존해서 이루어진 사람의 몸이나 감각, 그리고 그 대상들은 모두 마치 눈병에 걸렸을 때 허공에 어른거리는 티끌과 같다. 이런 사실을 바르게 아는 수행자는 자신의 마음이 부처님의 마음과 조금도 차이가 없고, 자기 마음의 본성이 곧 진리의 본성이라는 것을 분명하게 안다. 그 때문에 마음의 본체는 언제나 있는 그대로 깨어 있고, 언제나 있는 그대로 또렷하다는 것을 믿고 이해한다. 이렇게 깨닫게 되면 오랜 전생으로부터 전해 내려온 습기가 있어도 본체에 대한 이해와 믿음이 굳건하기 때문에 그 습기에 휩쓸리지 않는다. 오히려 습기 그 자체가 마음의 본성이 일으킨 변화임을 보게 되고 나아가 습기가 그대로 본성의 지혜임을 깨치는 것이다.

본성의 지혜는 그 자체로 전체기 때문에 의지할 것도 없고, 그 자체가 총체기 때문에 대상에 머무르지도 않는 것이다. 따라서 번뇌라고 하더라도 모두 본성 아닌 것이 없기 때문에 습기라고 해서 억지로 억누를 것도 없고 끊을 것도 없다. 또한 모든 사물은 근본 마음이 인연에 따라 만들어 내는 것이어서 주체와 객체가 본래 존재하지 않는다는 것을 알기 때문에 대상에 대해 집착할 것도 없고 따라서 좋아하고 싫어하는 마음을 일으키지도 않는다.

이와 같이 진리에 맡겨 습기를 다스림으로써 지혜를 더욱 밝히고 인연에 따라 사물을 이롭게 하도록 보살도를 행하면 비록 삼계 안에 있더라도 어디든 진리의 낙원이 아닌 곳이 없습니다. 또한 세월이 흘러도 본체는 변하지 않으므로 큰 자비에서 나오는 지혜에 맡겨서 인연을 따라 유유자적하게 됩니다.

이러한 사람은 단번에 성현의 지위에 올라 신통력을 갖춘 뛰어난 인물만큼은 못되더라도 여러 생에 걸쳐 심고 가꾼 착한 심성이 있어서 근본이 뛰어난 사람이라고 하겠습니다. 이런 사람은 자신의 마음이 본래 고요하고 마음의 작용이 자유롭고 거침이 없어 본성이 변하지 않는다는 것을 깊이 믿기 때문에 말법 시대에 살더라도 공부가 뒤떨어질 염려가 없습니다. 《화엄론》에 이르기를 "진리를 향해 큰 마음을 일으킨 보통 사람이 믿음을 내어 깨쳐 들어가기 때문에 여래의 집에 태어나게 되는 것이니, 이미 불가에 태어난 대보살을 가리키는 것이 아니다."라고 했습니다. 오늘날에는 이같이 마음을 닦는 사람을 성품이 뛰어난 사람이라고 합니다.

마음의 본체에 대한 굳건한 이해와 믿음으로 습기를 다스릴 줄 아는 수행자라면 윤회하는 세계 어디에 있더라도 바로 그곳이 진리의 낙원과 다를 바가 없을 것이다. 왜냐하면 윤회하는 세계 역시 실재하는 것이 아니라 마음의 본성이 지어낸 것이기 때문이다. 이렇게 마음의 본체에 대한 확신과 이해가 확고한 사람은 본성이 갖는 지혜의 힘으로 언제 어디에서든 자유로울 것이며, 수행이 뒤떨어질 염려가 없는 만큼 힘을 얻을 것이다. 보통 사람들도 본성에 대한 믿음만 투철하다면 이런 경지는 충분히 도달할 수 있어서 구태여 불가의 대보살이 아니라도 가능한 일이다. 여래의 집에 태어난다는 것은 부처님의 가르침에 몸을 의지함을 비유한 말이다.

자력과 타력을 함께

어떤 수행자는 자기 마음의 청정하고 미묘한 덕을 믿고 즐겨 받아들여서 수행을 하지만 오랜 과거부터 존재해 온 아상(我相, '나'라는 미혹된 생각)에 강하게 집착하기 때문에 습기가 치우쳐 번뇌의 장애를 일으키기도 합니다. 이렇게 미혹된 생각을 버리지 못하는 사람은 공성을 관찰함으로써 사대(四大)와 오온이 다 인연에 따라 생겨난 허깨비 같은 것이며 실체가 아닌 거품이므로, 무엇이 나이고 무엇이 남인가를 깊이 살펴야 합니다. 이렇게 해서 번뇌의 때를 잘 씻어 내면 항상 겸손하며 공경하는 마음을 갖게 되어 교만한 마음을 버리며 업의 작용이 수그러들고 정혜의 도움을 얻어 점차 밝고 고요한 마음의 본성으로 돌아가게 될 것입니다.

나라는 관념에 대한 집착은 생각보다 오래되고 끈질긴 것이다. 중생이 윤회를 거듭해 온 것도 결국은 나에 대한 집착 때문이다. 그만큼 나라는 생각과 집착은 모든 번뇌와 집착의 뿌리다. 아상을 깨기위해서는 나라고 부를 만한 실체가 공하다는 것을 분명히 보아야 한다. 이렇게 아상을 중심으로 얽힌 번뇌와 업장을 어느 정도 소멸시킨 뒤에야 정혜의 수행이 순조로울 수 있다. 사대는 우리의 몸을 구성하는 네 가지 요소인 지(地), 수(水), 화(火), 풍(風)을 가리킨다.

그러나 만약 이 사람이 여러 가지 선행을 닦지 않고 자신의 힘으로만 수행하면 공부가 순조롭지 못하거나 중도에 그만두게 될까 염려스럽습니다. 그러므로 이런 경우에는 부지런히 삼보에 공양하고 대승 경전을 읽고 외우며 예불과 참회를 하되 중도에 그만두지 말아야 합니다. 이렇게 삼보를 공경하는 순박하고 후덕한 마음으로 부처님의 위신력(威神力, 중생을 구제하는 불가사의한 지혜와 능력)의 도움을 얻으면, 업장이 녹고 착한 성품이 물러나지 않게 될 것입니다. 이렇게 안팎으로 자력과 타력이 서로 도와서 가장 뛰어난 진리를 얻을 수 있다면 얼마나 바람직한 일이겠습니까?

그러나 나라는 생각이 강한 사람은 공성과 연기를 살피는 한편 일상에서 끊임없이 선행을 닦고 계율을 지키며, 예불과 참회를 지속적으로 해야 한다. 그런 다음에야 부처님과 보살의 무한한 능력의 도움을 얻어서 두터운 업장이 서서히 녹게 되는 것이다. 지눌은 궁극적으로 정혜를 강조하고 있지만, 처음 수행하는 번뇌가 많은 사람을 위해 자력 수행과 함께 타력의 도움을 받을 것을 권하고 있다. 실제로 부처님의 가르침이 절실한 것은 지혜가 얕고 업장이 두터운 중생이기 때문에 자비심으로 가지가지 방안을 제시하는 것이다.

이렇게 자력과 타력이 안팎으로 돕는 경우에도 원하는 바가 다른 두 종류의 사람이 있습니다. 하나는 자비심이 많아서 윤회의 고통을 싫어하지 않고 자신과 남을 함께 이롭게 함으로써 자비와 지혜를 길러 큰 보리를 구하는 사람으로 다음 생에서 부처님을 뵙고 가르침을 받기를 원하는 사람입니다. 이러한 부류의 사람은 별달리 정토를 구하지 않더라도 어려움 때문에 뒤로 물러날 염려가 별로 없습니다. 또 다른 부류의 사람은 깨끗함과 더러움, 괴로움과 즐거움에 대해 좋고 싫어하는 마음이 뚜렷한 사람입니다. 이들은 정혜를 닦으며 선근(善根)을 길러 부처님의 정토에 나서 부처님의 가르침을 듣고 뒤로 물러나지 않는 지위에 이른 다음 다시 이곳에 와서 중생을 제도하기를 서원합니다. 이러한 사람은 비록 안으로 마음을 비추는 공부를 하기는 하지만 인내력이 부족해서 힘들고 추한 사바 세계에 머무르다가 고난을 만나면 뒤로 물러서게 될까 염려스럽습니다.

애초의 질문은 정혜만을 닦다가 힘이 부치는 경우에 타력에 의지하지 않으면 공부에 진전이 없을 것이 아닌가 하는 것이다. 이에 대해서 지눌은 자력과 타력을 함께 닦는 두 부류의 사람들을 소개하고 있다. 첫 번째 부류의 사람은 자신과 중생을 구제하고자 하는 서원이 크기 때문에 나고 죽는 윤회의 고통을 기꺼이 감수하며 자신을 돕고 남을 돕는 수행을 통해 지혜와 자비심을 기르며 다음 생에서 부처님의 가르침을 직접 듣고자 한다. 이런 사람은 어려움이 닥치더라도 공부가 뒤떨어질 염려는 없다고 보았다. 또 한 부류는 보통 사람과 같이 좋고 싫어하는 분별심이 강한 사람으로서 정혜를 닦으며 선행해서 정토에 태어난 다음 다시 이 땅에 태어나서 중생을 제도하기를 바라는 사람이다. 이들은 분별심이 강하기 때문에 마음의 본성을 깨치는 공부를 하더라도 이름과 형상에 집착하기 쉬우므로 자칫 공부가 뒤떨어질 우려가 있다는 것이다.

이렇게 자력과 타력을 함께 닦는 두 부류의 수행자들이 바라는 바와 뜻은 성인의 가르침에 들어맞는 면이 있습니다. 그래서 정토에 나기를 바라는 뒤의 경우에도 밝고 고요한 성품을 떠나지 않고 닦는 정혜의 수행이 있으므로 부처님이 증명하고 얻은 경지에 들어맞을 수 있습니다. 그러므로 단지 부처님의 이름을 부르고 부처님의 거룩한 모습만 마음에 그리며 극락왕생하기를 바라는 사람들과는 다른 것입니다.

지눌은 염불과 같은 타력 수행을 일방적으로 꾸짖은 것이 아니다. 타력 수행을 하더라도 정혜를 닦아야 한다는 것이 지눌의 주장이다. 예컨대 정혜를 닦으면서 정토에 나기를 바라는 두 번째 부류의 수행자들조차도 마음의 본성을 벗어나지 않는 정혜의 수행이 있기 때문에 부처님의 경지에 도달할 수 있다고 보았다. 두 번째 부류의 수행자가 부처님의 이름을 부르며 오로지 타력에만 매달려 극락왕생하려는 사람들과는 구별된다고 본 것이다.

극락정토는 마음에 있다

천태 지자께서 임종하시면서 문인들에게 말씀하시기를 "지옥의 불 수레가 나타날 때라도 오직 한마음으로 뉘우치면 극락왕생할 수 있거늘 하물며 계정혜를 닦아 수행한 도력이 어찌 헛되겠는가?"라고 했고, 《정명경(淨名經, 대승의 깊은 뜻에 대한 문답을 기록해 놓은 불경)》에도 "불국토를 깨끗하게 하고자 하면 먼저 그 마음을 깨끗하게 할 것이니 마음이 깨끗하면 온 국토가 깨끗해진다."라고 했습니다.

《법보단경(法寶壇經, 혜능의 어록을 기록한 경전으로 《육조단경》이라고도 함)》에서는 "마음자리가 깨끗하면 서방 극락정토가 여기서 멀지 않겠지만 깨끗하지 못한 마음을 일으키면 어느 부처님이 와서 맞아 주겠는가?"라고 했으며, 수 선사(壽禪師, 영명 연수)도 말씀하시기를 "마음을 바로 알면 유심정토(唯心淨土, 마음의 극락)에 태어날 것이며, 대상에 집착하면 바로 그 집착의 대상이 되는 세계에 다시 태어난다."라고 했습니다.

이렇게 부처님과 조사들이 말씀했듯이 정토에 태어나고자 하는 뜻도 모두 자기 마음속의 일인 것이니 마음의 근원을 떠나서 어디로 가겠습니까? 《여래부사의경계경(如來不思議境界經, 깨달음의 본성과 덕을 설명한 경전)》에 따르면 "과거·현재·미래의 모든 부처님이 달리 가진 것 없이 오로지 자신의 마음에 의지할 뿐이니 만약 보살이 모든 부처님과 모든 법이 오직 마음의 일이라는 것을 분명히 알아 마음의 움직임이 없는 경지를 얻으면 보살의 초지(初地)에 들어서 몸을 벗고 바로 묘희 세계(妙喜世界)에 나거나 극락정토에 난다."라고 한 것이 그 증거입니다.

정토는 번뇌가 소멸된 마음자리일 뿐, 따로 공간에 존재하는 것이 아니므로 유심정토인 것이다. 초지란 수행을 시작해서 완전한 깨달음을 얻기까지 모든 단계를 구분한 보살 52단계 중 십지의 첫 단계인 환희지(歡喜地, 기쁨에 넘치는 성자의 경지)를 가리킨다. 유마 거사(維摩居士, 대승 불교 경전 《유마경》의 주인공)가 머문다는 국토를 묘희 세계라 한다.

《정명경》에서 마음을 깨끗하게 하면 온 국토가 깨끗해진다는 것도 중생을 위한 방편설이다. 본래 깨끗이 해야 할 마음도 없고 국토도 없다. 한마음은 본래 청정하고 본래 밝은 것이다. 불국토 역시 마음 밖에 있는 것이 아니라 마음이 보여 주는 신기루다. 서방 극락정토와 부처님 역시 방편이다. 그렇다고 해서 서방 극락정토가 완전한 신기루는 아니다. 극락정토건 지옥이건 모두 한마음이 인연에 따라 나타낸 세계며, 우리가 살고 있는 사바 세계 역시 마찬가지다. 다시 말해서 극락과 지옥의 실재성은 우리가 사는 세계의 실재성과 같다. 그러므로 정토는 본질적으로 마음이 만들어 낸 극락인 유심정토다. 이러한 이치를 모르는 중생은 제각기 대상의 실재성을 믿어서 집착하므로 자신의 업에 상응하는 세계에 태어나게 되는 것이다.

이렇게 본다면 비록 염불을 통해 극락왕생을 구하지 않더라도 오직 마음만 제대로 알면 저절로 정토에 태어난다는 것은 의심할 수 없는 일입니다. 그럼에도 요즘 교리로만 배우는 학승들이 도를 구하면서도 바깥 형상에 집착해서 서쪽을 향해서 큰 소리로 부처님의 이름을 부르는 것을 수행으로 삼습니다. 이들은 예로부터 부처님과 조사들이 밝혀 온 마음의 본성에 관한 가르침을 오히려 명리를 다투는 공부라고 비웃거나, 자신의 분수에 맞지 않는 것이라면서 돌아보지 않습니다. 이미 마음 닦는 비결을 버렸으니 돌이켜 비추는 수행의 효능을 모른 채 머리만 굴리면서 평생을 허송하는 것입니다. 마음을 등지고 바깥 형상을 취하면서 성인의 가르침을 따른다 하니 이를 보고 어찌 지혜 있는 사람이라고 하겠습니까?

앞에서는 정혜를 닦는 한편 자력 수행으로서 선행과 예불, 참선 등을 권하고 타력 수행으로서 염불을 말했지만, 본래 마음을 벗어나 존재하는 것이 없음을 분명히 안다면 달리 정토를 구할 필요도 없는 것이다. 말하자면 정토는 마음에 있는 것이다. 서방 극락정토와 같은 바깥의 형상에 집착해서 헛되이 세월을 보내면서도 도리어 마음 닦는 공부를 권하면 잘난 체한다고 비웃거나, 스스로 비굴한 마음을 내어서 분수에 맞지 않다고 배척하니 어찌 수행의 바른길을 간다고 할 수 있겠는가.

고산 지원(孤山智圓, 중국 송대의 승려) 법사는 《아미타경소서(阿彌陀經疏序)》에서 말했습니다.

"마음의 본체는 밝고 고요한 하나니 보통 사람과 성인이 따로 없고 의보(依報)와 정보(正報)가 따로 없으며, 수명이 길고 짧은 것도 없고 깨끗하고 더러운 것도 없다. 마음의 본체가 사물에 따라 움직이고 인연에 따라 변화할 때에는 육도의 인간이 되고, 네 성인인 부처·보살·성문·연각이 되며, 의보와 정보가 있게 되고, 수명의 길고 짧음, 국토의 깨끗함과 더러움이 있게 된다."

마음의 본체는 차별적인 모습이 없는 하나다. 마치 같은 금덩어리로 여러 가지 장식품을 만들듯이 하나의 마음이 인연에 따라 가지가지 모습으로 삼라만상(森羅萬象, 온갖 사물과 현상)을 연출하고 있는 것이다. 중생이 환생해 전전하는 여섯 세계인 육도도 그러하다. 오직 하나의 마음을 떠나지 않은 것인데 그 근본을 보지 못하고 형상에 매여 고통의 바다를 표류하는 것이다. 서방 극락정토 또한 마찬가지다. 끝없는 즐거움이 있는 깨끗한 국토라고 하지만 모두가 하나의 마음이요 진리의 성품인데 깨끗하고 더러운 것이 어디 있으며 괴로움과 즐거움이 마음을 떠나 어디에 있겠는가?

그러므로 진실을 보지 못하고 고통받는 중생들에게 극락왕생을 말하고 아미타불을 염불하기를 권하지만 그것이 모두 우는 아기를 달래는 방편임을 알 것이다. 의보는 과거 행위의 인과응보로 받은 몸이 의지해서 살고 있는 국토나 의식주 등을 가리키고, 정보는 과거 행위의 인과응보로 받은 부처나 중생의 몸을 말한다.

부처님의 방편

그리고 "대성인이신 우리 부처님은 밝음과 고요함이 하나인 본성이 화한 존재라서 자비의 길을 닦아 모든 중생으로 하여금 근본에 돌아가게 하고자 몸이 없는 자리에서 몸을 보이시고, 땅이 없는 경지에서 땅을 보이신다. 수명을 길게 하고 국토를 깨끗하게 해서 기쁨을 주시는가 하면, 수명을 짧게 하고 국토를 더럽게 해서 중생으로 하여금 싫은 마음이 생기게 하시고, 이렇게 기쁘고 싫은 마음을 빌미로 차차 달래어 이끄는 방책을 펴신다. 비록 보배로운 누각과 금빛 연못이 눈을 즐겁게 하는 구경거리지만 그것이 중생을 유혹하고 방탕하게 하는 형상은 아니어서 오직 마음 뿐 대상이 존재하지 않음을 깨닫게 하려는 것이다. 또한 나무에 부는 바람 소리와 새소리도 귀로 듣기에는 즐거우나 환락에 젖게 하는 소리는 아니라 삼보에 의지하는 마음을 일으키게 하려는 것이다. 이렇게 한다면 중생이 밝고 고요한 마음의 본체를 회복하는 것은 손바닥을 뒤집는 것과 같이 쉬울 것이다."라고 했습니다.

극락정토나 사바 세계 모두 중생을 구제하려는 부처님의 지혜와 자비의 본성이 인연에 따라 드러난 것이다. 서방 극락정토와 같이 즐거움이 많은 국토를 보여서 중생으로 하여금 기쁜 마음을 일어나게 해 수행을 독려하고, 삼악도와 같이 고통이 많은 국토의 중생들에게 마음을 분발시켜서 고통을 벗어나 즐거움을 얻도록 유도하는 것이다. 춥고 배고파야 도를 찾는 마음이 일어난다는 말이다.

그러나 삼악도에서와 같이 너무 고통이 심하면 정신이 혼란하고 마음에 여유가 없어서 도를 찾는 마음이 일어날 여지가 없고, 또한 천상과 같이 즐거움만 있으면 나태해서 도를 찾는 마음이 크게 일어나지 않는다. 그래서 즐거움과 괴로움이 적당히 섞여 있는 인간 세상이 도를 닦기에 적합한 곳이라고 하는 것이다. 서방 극락정토의 휘황찬란한 전각이나 연못도 중생을 방탕하게 하려는 것이 아니라, 그 모든 것이 오직 마음을 반영한다는 것을 보여 주기 위한 것이다. 세계와 사물의 형상은 마음 밖에 실재하는 것이 아니라 중생의 업에 따라 비춰진 신기루 같은 것이다. 바람 소리와 새소리의 즐거움 또한 중생으로 하여금 환락에 빠지게 하려는 것이 아니라, 삼보에 의지하게 하려는 방편이다. 그러므로 마음의 본체를 찾으려고 노력한다면 이 모든 현상의 본질을 저절로 알 수 있는 경지에 도달한다는 의미다.

나는 고산 지원 법사가 부처님의 **빼어난** 방편의 본질을 아는 분이라 여겨서 소개한 것입니다. 오늘날 극락정토에 왕생하기를 바라는 사람들이 부처님의 뜻을 이해하고 공부의 바른길을 찾는데 도움이 되길 바랄 뿐입니다. 부처님의 뜻을 바로 아는 사람이라면 비록 부처님의 이름을 생각하면서 부지런히 왕생을 구하지만 부처님의 세계는 오는 것도 없고 가는 것도 없으며 오직 마음을 따라 나타날 뿐이어서 마음의 진리를 떠나지 않는다는 것을 알아야 할 것입니다.

모든 생각에서 몽롱함과 산란함을 벗어나 정혜를 똑같게 닦아서 밝고 고요한 성품을 어기지 않으면 일체의 사물이 터럭만큼도 마음의 본체를 벗어나지 않고 하나가 되어 도에 통하게 될 것입니다. 이는 마치 물이 맑으면 달이 나타나고, 거울이 깨끗하면 그림자가 비치는 것과 같습니다.

극락정토에 태어나기를 바라는 사람들에게 그 실상을 알려 주고자 하는 것이다. 마음 밖에 사물이 존재하는 것이 아니어서 '오직 마음뿐'이라는 유식(唯識)의 이치에 따르면 극락의 모든 아름다움이나 금은보화도 모두 마음의 본성이 중생의 업에 따라 나타난 형상일 뿐이다. 마음의 본성은 있는 그대로 참되게 존재하는 것이어서 더러움과 깨끗함, 오고 감, 생겨남과 사라짐과 같은 모든 상대적 세계를 떠나 있는 것이다.

만약 이러한 이치를 분명히 안다면 정토에 태어나기 위해 염불을 할 것이 아니라, 마음의 혼미함과 산만함을 제어하는 정혜를 수행해서 마음의 본체를 밝혀야 할 것이다. 고요하고 맑은 본성을 찾기만 하면 그것이 바로 진리요, 부처님의 세계인 것이다. 마음의 본성을 찾는 일은 달리 무엇을 더하는 것이 아니라 오직 혼미함과 산만함과 같은 마음의 파문을 잠재움으로써 드러나는 것이다.

그러므로 《만선동귀집(萬善同歸集, 영명 연수의 저술)》에서 "부처님이 실로 온 것도 아니고 마음도 또한 가는 것이 아니다. 중생과 부처가 서로 감응해 도에 합치함으로써 마음이 스스로 나타나는 것일 뿐이다."라고 했습니다. 이어서 게송에서 "공경하는 사람과 공경의 대상인 부처님의 본성은 텅 비어 고요하다. 이렇게 서로 통해서 도에 합치하는 경지는 생각으로 알기 어렵다."라고 했습니다. 그러므로 염불을 하는 사람은 마음 밖의 대상에 집착해서 잘못된 견해를 고집해서는 안 될 것이며, 마군(魔軍, 악마의 무리)의 장난에 휘둘려 부처님의 뜻을 어기지 말아야 할 것입니다. 모든 수행자들은 이렇게 간절히 뜻을 세우고 또 간절히 뜻을 세워야 할 것입니다.

앞의 내용을 다시 설명한 것이다. 중생이니 부처님이니 하는 것은 모두 한마음의 변화일 뿐이다. 형상으로 나타난 모든 대상은 그 본성이 공하기에 실체가 없다. 다만 중생이 헛되이 형상에 집착해 마음을 빼앗길 뿐이다. 일단 바깥 대상에 마음을 빼앗기면 쉽게 마군의 장난에 휘둘리게 된다. 마군 역시 마음 밖에 존재하는 것이 아니라 망념이 투영된 것이다. 마군 또한 연기의 산물이고 따라서 공하다는 것을 알지 못하므로 그 횡포에 휘둘리게 되는 것이다. 《만선동귀집》에서도 역시 참선 수행과 염불을 함께 닦을 것을 권했다.

중생의 다양한 근기

어떤 수행자는 이름과 형상에 집착하고 대승에서 말하는 유심의 가르침에 어둡기 때문에 부처님이 밝고 청정한 성품으로 본원력(本願力, 모든 중생을 구제하고자 하는 근원적 서원의 힘)을 세워서 방편으로 부처님의 몸과 불국토를 보여 주고 있다는 사실을 알지 못합니다. 환상 속에 장엄함을 보여 줌으로써 중생을 이끄는 것은 눈과 귀로 경험하는 것이 오직 마음에서 나온 것일 뿐 바깥 대상이 실재하지 않는다는 것을 깨달아 근본 성품으로 돌아가게 하기 위한 부처님의 훌륭한 방편임을 알지 못합니다. 그러면서 말하기를 "염불로 극락왕생하면 육신과 다름없는 몸으로 즐거움을 누린다."라고 하며 허황된 생각과 고집을 버리지 못합니다. 그런 까닭에 선을 수행하는 사람을 보고는 "이 사람은 염불로써 왕생하기를 바라지 않으니 언제 삼계를 벗어나겠는가?"라고 합니다. 성인의 가르침 중에 "마음이 깨끗하므로 국토가 깨끗하다."라는 깊은 뜻을 알지 못하기 때문에 "닦는 마음 바탕이 밝고 비어서 아무 것도 없다."라는 말을 들으면 "그러면 즐거움을 누릴 몸도 없는 것이 아닌가?"라고 하면서 공에 떨어질 것만 두려워합니다.

극락정토는 우리가 살고 있는 세계와 같은 정도의 실재성을 가지고 존재한다. 극락정토와 마찬가지로 이 세계 역시 우리의 업에 의해 나타난 허상인 것이다. 극락정토는 부처님이 중생을 구제하고자 하는 맹세에 의해 나타난 것이다. 지눌 당대에는 부처님의 법(진리)이 쇠퇴하는 시기가 왔다는 말법 사상이 유행해서 정혜의 수행보다는 정토왕생을 추구하는 수행자가 많았다.

이들은 '오직 마음 뿐'이라는 유심의 가르침을 이해하지도 못하고 그래서 믿지도 못하기 때문에 부처님의 몸이나 불국토가 중생을 구제하려는 부처님의 바람에 의한 것이며, 모든 형상도 궁극적으로는 유심의 법을 가르치기 위한 방편에서 나온 것이라는 사실을 모른다. 따라서 정토왕생을 하면 육신 그대로 그곳에 가서 즐거움을 누린다는 어리석은 소견을 버리지 못한다. 이것은 현재의 육신에 대한 강한 집착에 다름 아니어서 마음의 본성이 공하고 고요해 텅 빈 것이라는 말을 들으면 허무감에 사로잡히게 되는 것이다. 이들은 "마음이 깨끗하면 국토가 깨끗하다."라는 경전의 구절을 이해할 때에도 실재하는 마음이 있고 실재하는 국토가 있어서 오직 마음을 깨끗이 한다는 생각만 하는 것이다. 그러나 본마음은 있고 없는 것도 아니고 깨끗하고 더러운 것도 아니다. 그러한 분별과 구분을 넘어서야 비로소 본체를 체득할 수 있다.

공이란 본래 공한 것도 없으니 오직 부처님의 깨달은 마음, 허공과 같이 밝고 청정한 마음이 있을 뿐입니다. 이러한 부처님의 마음이 온 세계에 두루 미쳐서 중생의 마음을 다 포용해서 단절되지 않습니다. 어리석은 분별을 일삼는 중생의 마음도 그 본체는 텅 비어 밝은 것이어서 온 누리의 모든 부처님과 다름없는 지혜의 바다며, 진리의 본성입니다. 그럼에도 중생들은 종일 그 안에 살면서도 스스로 본성의 은덕을 등지고 있음을 모릅니다. 이러한 진실을 알지 못하는 사람이 탐내고 집착하는 마음으로 부처님의 세계를 구하는 것은 모난 나무를 둥근 구멍에 맞추려는 것과 같습니다.

오직 존재하는 것은 한마음뿐이다. 이것을 부처님의 법신이라고도 하고 불성이라고도 하며 깨달음이라고도 한다. 모든 중생이 이 마음의 근원에 뿌리를 내리고 있지만, 근원으로부터 전개된 사물의 형상에 가려서 분별하는 마음으로 인해 한마음을 보지 못할 뿐이다. 그러나 이러한 한마음과 중생의 어리석은 마음은 본래 다르지 않은 것이다. 다만 깨달은 사람은 한마음을 분명히 깨쳐서 모든 마음의 작용과 사물의 형상이 한마음의 변화인 줄을 알지만 미혹한 중생은 그것을 몰라서 바깥 대상에 집착해 번뇌 망상에 시달리는 것이다. 극락정토가 마음 밖에 실재한다고 생각해서 탐내고 집착한다면 바른 수행이 될 수 없다.

또 품성이 가볍고 속된 수행자는 마음에 관한 진리를 믿고 즐겨 닦긴 하지만 조그만 것을 얻으면 곧 만족해서 더 나아갈 생각을 하지 않습니다. 이런 사람은 자신의 견해가 확고하지 않아서 본성만 믿고는 만행을 닦지 않고, 그러면서 정토를 구하지도 않아서 왕생을 바라는 사람들을 경멸합니다. 이러한 부류의 사람들은 불법을 바르게 수행하지 않으므로 지혜가 막혀서 공부에 장애가 많으니 슬프고 애석한 일이 아닐 수 없습니다. 만일 품성이 가장 낮은 사람이라면 지혜의 눈이 없어서 부처님의 이름을 부르고 그 신비로움을 찬탄하게 해서 구제하려는 것인데 그러한 부처님의 뜻을 알지 못하고 정토를 구한다고 해서 무조건 나무라서야 되겠습니까?

어떤 부류의 수행자는 이치로는 마음의 진리를 이해하고 수행한다고 하지만 그릇이 작고 이해가 얕아서 작은 소득에 만족하므로 공부에 진전이 없다. 또한 마음의 본성에 대한 확신도 부족하기 때문에 막연하게 본성에 모든 것이 갖추어져 있다는 생각만 하지 여러 가지 보조적인 수행을 겸하려고 하지 않는다. 이들은 이미 마음의 본성에 대한 이해는 있으므로 그것을 모르고 정토왕생을 바라는 사람을 경멸한다. 이와 같이 마음의 진리를 이해하지만 편협한 수행을 하는 사람이나 탐욕스런 마음으로 정토를 구하는 사람이나 모두 바른 수행에서 벗어나 있는 것이다. 하지만 지혜가 모자라는 사람이 염불로 부처님과 부처님의 국토를 찬탄하며 왕생을 구하는 것을 나무라서는 안 된다고 지눌은 말한다. 제각기 자신의 분수와 능력에 맞는 수행을 인정한 것이다.

또 어떤 수행자는 타고난 기질이 거칠고 지난 세상의 업이 깊어서 마음의 진리에 대한 가르침을 들으면 당황해서 어찌할 바를 모르지만, 부처님의 백호 광명(白毫光明)이나 범(梵) 자를 관조하거나 경을 외거나 부처님을 생각하라고 하면 산란하지 않고 정신을 집중할 수가 있습니다. 이렇게 망상을 다스려서 번뇌의 장애를 입지 않으면 마음이 청정한 경지에 이를 수도 있습니다. 이런 사람은 처음부터 도와 잘 어우러져서 나중에는 유심 삼매에 들 수 있으므로 부처님의 뜻을 잘 받드는 사람이라고 할 수 있겠습니다.

업의 장애가 많고 지적 능력이 떨어지는 사람은 마음의 본성이 공하고 고요하며 일체의 사물이 마음의 전개라는 마음의 본성에 대해 들으면 이해가 가지 않아서 의심하고 믿지 않는다. 그런데 이런 사람도 부처님의 흰 눈썹에서 나오는 빛인 백호 광명을 생각하거나 인도의 문자인 범 자를 바라보면서 깊이 명상하고 마음을 집중하라고 하면 잘할 수가 있다. 이렇게 마음의 집중을 통해 삼매의 힘을 기르면 번뇌의 장애를 쉽게 이겨내고 순탄하게 바른길에 들어서게 된다. 오히려 이런 사람이 얕은 지혜만 많은 사람보다 도에 더 근접해서 언젠가는 유심의 이치를 통달하게 된다. 백호는 부처님의 두 눈썹 사이에 감겨 있는 흰 털을 말하는데, 이 털에서 광명과 신통력이 나온다고 알려져 있다. 유심 삼매는 모든 것이 마음의 작용이요 전개임을 관조하는 삼매를 말한다.

염불 수행의 본질

비석 화상(飛錫和尙, 미상)은 《고성염불삼매보왕론(高聲念佛三昧寶王論)》
에서 "넓은 바다에서 목욕하는 사람이 이미 백 갈래의 냇물을 쓰는 것
과 같이 부처님의 이름을 부르는 사람은 반드시 삼매를 이룬다. 마치
수청주(水淸珠, 물을 맑게 만드는 구슬)를 흙탕물에 넣으면 흐린 물이 맑
아지는 것과 같이 산란한 마음에 염불을 던지면 어지러운 마음이 부
처님의 마음과 같이 고요하게 되는 것이다. 일단 이렇게 부처님의 마
음에 일치하게 되면 곧 마음과 부처를 함께 잊게 된다. 함께 잊는 것
이 선정이고 함께 비추는 것이 지혜이므로 선정과 지혜가 함께 있으
면 마음이 그대로 부처요, 부처가 그대로 마음인 것이다. 마음과 부처
가 이렇게 하나인 경지에 이르면 온갖 대상과 가지가지 인연이 모두
삼매 아닌 것이 없다. 그러니 공연히 마음을 일으켜 생각을 내어서 큰
소리로 부처님을 부를 까닭이 어디 있겠는가?"라고 했습니다.

여기서는 비석 화상의 글을 들어 염불 수행도 정혜의 수행이 될 수 있음을 말한다. 모든 수행이 삼매를 닦는 것을 근본으로 한다고 할 때 염불을 통한 삼매의 수행 또한 그 공덕이 작지 않다. 염불은 단지 부처님의 이름을 소리 내어 부르는 것이 아니라 부처님의 몸과 그 국토를 마음에 두는 것이다. 불교 수행은 궁극적으로 부처님의 경지를 지향하기 때문에 한마음 한뜻으로 부처님의 지혜와 덕을 마음에 두는 수행이 마치 여러 갈래의 냇물이 흘러든 바다와 같은 삼매라고 한 것이다. 또한 염불은 산란한 마음을 가라앉혀서 마음의 평정을 얻게 하는 공덕 또한 뛰어나기 때문에 물을 맑게 만드는 구슬인 수청주에 비유했다. 산란한 망념이 염불을 통해 가라앉으면 부처님의 마음과 다름없고 이렇게 부처님과 다름없는 마음이란 일체의 분별을 떠난 고요한 마음이요, 밝게 비추는 마음이다. 따라서 염불 삼매 역시 궁극적으로는 정혜의 수행과 다름없다는 것이다.

《반야경(般若經)》에서 문수보살(文殊菩薩, 지혜의 화신)이 염불을 통해 일행(一行) 삼매를 얻었다는 것도 이와 같은 뜻입니다. 만약 이 이치를 분명히 깨닫지 못하면 오히려 형상에 대해 애착하는 마음으로 불상을 보고 부처의 이름을 생각하게 됩니다. 그렇게 날이 가고 해가 가면 마군의 형상에 이끌려서 엎어지고 자빠지면서 정신을 차리지 못하는데,

이와 같이 헛된 공부를 하면서 세월을 허비하는 사람들을 요즘 적지 않게 보고 있습니다. 그것은 의보와 정보, 그리고 선악의 원인과 결과가 오직 마음으로 지은 것이어서 본체가 없다는 것을 모르기 때문입니다.

천인과 보살의 형상을 보고 모습이 훌륭한 여래의 모습을 보기도 하며, 혹은 단정한 남녀를 보기도 하고, 어떤 때는 온갖 무서운 형상과 가지가지 괴이한 일을 보고 듣기도 합니다. 또한 바깥 형상이 아니고 자신의 마음속에서 생겨나는 마군의 짓을 따라 그릇된 소견에 갇히는 경우도 비일비재합니다. 그런 때에는 마음이 혼미해서 스스로 성찰해서 벗어날 지혜가 없으므로 끝내 마군의 그물에 걸리게 되니 참으로 슬픈 일이 아닐 수 없습니다.

《반야경》은 공 사상을 설명한 초기 대승 경전으로 여러 종류가 있다. 일행 삼매는 모든 현상이 평등해 하나의 모습임을 보는 삼매를 뜻하지만 여기서는 오로지 부처님만 끊임없이 마음에 두는 삼매를 가리킨다. 수행자가 마군의 형상에 이끌려 장애를 받는 경우가 적지 않은데 그 시초는 모든 형상에 대한 집착이다. 이는 그러한 형상이 본래 한마음의 전개임을 알지 못하기 때문에 집착하는 것이다. 마음의 본성에 대한 이치에 어두워서 부처님의 거룩한 형상이나 불국토의 아름다움에 집착하면서 하는 염불은 세월만 허비하는 헛된 공부인 것이다. 이러한 공부는 스스로 장애를 불러들이는 것이다.

일단 바깥 대상에 집착하는 마음이 있으면 그 마음의 움직임에 따라 어떤 때는 천인과 보살이 나타나고 어떤 때는 무시무시한 마귀가 나타나기도 한다. 그러나 이 모든 것은 자기 마음의 투영에 지나지 않는다. 어떤 경우에는 바깥 형상에 이끌리는 것을 넘어서 자기 마음속에서 가지가지 형상과 망상을 내어 그 안에서 헤매기도 한다.

이렇게 되면 바른 공부와는 점점 멀어져서 결국 수행을 포기하기에 이른다. 마음의 본성에 어두워서 밖으로 치닫는 어리석음이 이토록 큰 것이다.

《기신론》에도 "오직 마음뿐이라고 알면 대상으로서의 세계라는 경계가 사라져 더 이상 괴로움을 겪지 않는다."라고 했고, 또 "수행자가 항상 지혜로써 관찰해 이 마음이 그릇된 그물에 떨어지지 않게 하고 오직 바른 생각만을 부지런히 해서 취하지도 말고 집착하지도 말라."라고 했습니다. 이치가 이와 같은데 어찌 마음을 등지고 대상을 좇아 부처님의 지혜를 구할 수 있겠습니까?

요사이 수행자들이 흔히 말하기를 "염불을 해서 왕생한 뒤에 무슨 다른 일이 있겠는가?"라고 합니다만, 극락 구품(九品)의 모든 단계가 마음에 대한 믿음과 이해의 정도에 따라 크거나 작고, 밝거나 어둡다는 것을 모르고 하는 소리입니다. 경전에도 제일의제(第一義諦, 궁극적 진리)를 알고 부지런히 닦아 나아가는 사람이 상품(上品)이라고 했으니 어찌 총명한 마음을 가지고 우둔한 사람마냥 하릴없이 부처님 이름만 소리쳐 부를 것입니까?

세계는 오직 마음뿐이라는 진리를 깨치면 대상으로서의 세계의 차별적인 모습이 사라지고, 차별적인 모습에 집착해 생겨나는 윤회의 모든 괴로움도 사라진다. 마음을 등지고 대상을 좇는 것이 중생들이 저지르는 근본적인 미망(迷妄, 사리에 어두워 갈피를 잡지 못하고 헤맴)이고 윤회의 원인이다. 대상을 버리고 마음을 닦는 것이 부처님의 지혜를 얻는 길이다. 어떤 수행자는 염불을 통해 왕생하게 되면 그것으로 그만이라고 하는데, 그것은 극락정토에도 아홉 가지의 높고 낮은 등급이 있는 것을 잘 모르고 하는 소리다. 물론 이러한 아홉 단계도 마음이 청정한 정도에 따라 떠오르는 영상에 불과하다. 그러니 지눌은 염불과 같은 방편적인 수행에 매달릴 것이 아니라, 최고의 진리인 마음의 본성에 근거해서 수행할 것을 권하고 있다.

《만선동귀집》에 "왕생하는 정토의 구품이 아래위로 다 통해 있으니, 어떤 사람은 화국(化國, 부처님의 서원에 의해 나타난 불국토)에 태어나 부처님의 응신(應身, 부처님이 변신해서 세상을 구제하기 위해 나타낸 모습)을 보고, 또 어떤 사람은 부처님의 원력으로 세운 보토(報土, 힘써 수행하면 나타나는 불국토, 즉 아미타불의 정토)에 나서 부처님의 영원한 몸인 진신(眞身)을 보기도 하며, 또 어떤 사람은 하루아침에 십지 이상의 보살이 되기도 하며, 또 어떤 사람은 여러 겁이 지난 뒤에야 소승의 진리를 깨닫기도 합니다. 이렇게 영리한 사람이나 우둔한 사람도 되며, 정신 집중이 잘 되는 사람도 되고 마음이 산만한 사람도 된다."라고 했습니다.

정토에 왕생하는 중생이라고 해서 모두 같지 않다는 점을 다시 설명하고 있다. 극락 가운데에서도 각자 지은 업이나 심성, 기질에 따라 다양한 세계에 태어난다는 것이다. 이미 유형무형의 모든 세계와 사물은 실재로 존재하는 것이 아니라 한마음, 혹은 부처님의 불가사의한 지혜의 작용인 것이니 여기서 말하는 화국이나 보토 또한 실상은 아니며 부처님의 응신이나 진신 또한 그러하다. 그러나 진리에 어두운 중생은 각자가 살아온 바에 따라 태어날 국토와 받을 몸이 천차만별로 다르다. 화국은 중생을 구제하기 위해 변화해 나타나는 부처님의 세계를 가리킨다. 극락정토도 화국이다. 보토 역시 화국과 비슷한 개념으로 중생을 위한 서원으로 이루어진 부처님의 국토를 가리킨다. 응신은 삼신(三身)의 하나로서 때와 장소, 중생의 능력이나 소질에 따라 구제하는 부처를 말한다. 석가모니와 과거의 부처,

미래의 미륵불이 여기에 속한다. 삼신은 성질과 상황으로 구분한 부처님의 세 가지 몸으로 법신, 보신(保身, 공덕이 갖춰진 부처), 응신을 말한다. 진신은 진리 자체, 혹은 진리를 그대로 드러낸 우주의 본체를 의인화한 표현이다.

그러므로 분명히 알아야 합니다. 예나 지금이나 깨친 사람은 비록 정토왕생을 구하기는 하지만 진리를 깊이 믿고 정혜를 닦았기 때문에 겉으로 보이는 형상이나 물질적 대상이 생겨나거나 소멸되지도 않고 오직 마음에 의존해 나타나는 것이어서 마음의 본성을 떠나지 않는다는 것을 압니다. 그러나 보통 사람과 소승의 수행자는 전식(轉識)이 나타나는 것을 바깥의 사물로 잘못 알아 세계와 물체가 실재하는 것으로 집착하게 됩니다. 그러므로 말은 한 가지로 정토에 난다고 하지만 그중에도 어리석음과 지혜로움은 하늘과 땅만큼이나 차이가 나는 것입니다. 그러므로 대승의 유심의 가르침을 배워서 정과 혜를 닦음으로써 보통 사람과 소승의 견해를 뛰어넘어야 할 것입니다.

정토왕생을 구하더라도 한마음을 깊이 이해하고 믿어서 정과 혜를 닦게 되면, 앞에서 말한 바와 같이 모든 대상이 오직 마음에 의존해서 나타나는 허상이라는 것을 알게 된다. 그러나 일반적으로 보통 사람은 보이는 것, 만져지는 것 등 감각으로 경험하는 것이 모두 자신 밖에 존재한다고 생각해서 그것이 실재한다고 생각한다. 이렇게 똑같이 정토에 태어난다고 말하지만 한마음에 토대를 두고 정혜를 닦은 수행인과 어리석은 중생은 하늘과 땅의 차이가 있다는 것이다. 전식이란 개별적인 인식이 보다 근본적인 인식에서 전개된다는 뜻으로 예컨대 우리가 구체적인 사물을 인식할 때 무의식의 영향을 받게 됨을 말한다.

8. 삼학을 닦기로 맹세하다

8. 삼학을 닦기로 맹세하다

마음에서 마음으로 전하는 선종의 은밀한 가르침에는 보통 사람이나 소승이 겪는 어리석음의 한계가 없습니다. 그래서 기(琪, 미상) 화상은 "말법 시대에는 조사의 도를 깨달아 지혜를 활용하는 사람이 없다." 라고 했습니다. 우리가 이 결사문에서 대승 경론의 말씀을 증거로 삼아서 간략하게 뜻을 밝히고, 나고 죽을 때 정토와 예토(穢土)에 드나드는 실상을 설명하는 것은 그 때문입니다. 이는 결사에 들어와 마음을 닦고자 하는 사람들이 근본과 말단을 이해해서 논쟁을 쉬고, 실질과 방편을 가려서 대승 법문의 수행을 그르치지 않게 하려는 것입니다. 이렇게 함으로써 다 함께 바른 수행을 통해 정혜와 만행을 함께 닦아 다 같이 부처님의 경지에 이르러 깨달음을 얻자는 것입니다. 이렇게 모든 것을 함께 배워 앞으로도 영원히 온 세계를 넘나들면서 서로 도움을 주고받으며 정법의 수레를 구르게 해서 온 누리의 중생을 건지고 이로써 모든 부처님의 크나큰 은혜를 갚자는 것입니다. 우러러 바라건대, 부처님의 눈으로 우리의 작은 정성을 증명하시고 법계의 미혹한 중생들을 위해 함께 정혜를 닦고자 하는 서원을 이루게 하소서.

선종의 가르침은 많은 말과 글 속에 파묻혀 본질을 놓치고 곁가지를 취하는 것이 아니라 마음을 곧바로 가리켜 마음의 본성을 보게 해서 부처를 만드는 것이다. 이것을 선가의 표현을 빌어서 말하면 "한(漢)나라 사냥개는 흙덩이를 쫓아가지만 사자는 사람을 바로 문다."라는 것이다. 어리석은 개는 엉뚱한 것을 쫓아다니지만, 지혜로운 사자는 곧바로 목적을 이룬다는 말이다. 그러나 기 화상이 말한 바와 같이 세월이 흐를수록 선가에서 전승하는 가르침을 따라 마음을 밝혀서 지혜를 활용하는 수행인이 적기 때문에 지금까지 뿌리와 잔가지를 구분하고, 본질적인 것과 방편적인 것을 조목조목 나누어 설명한 것이다.

그것은 물론 바른 수행을 널리 알리기 위해서인데 결론적으로 말해서 정혜를 닦는 것보다 나은 길이 없음을 강조한 것이다. 모든 보시 중에서 진리의 보시가 으뜸이요, 은혜 중에서도 큰 은혜는 진리로 인도하는 스승의 은혜다. 여기서 부처님의 은혜를 갚자는 것은 그런 의미다. 예토란 번역하면 '더러운 땅'이지만 불국토인 정토와 대비해서 중생인 우리가 살고 있는 이 땅을 가리킨다.

아아, 중생이 드나드는 육도를 보면, 아귀는 어두운 근심에 잠겨 있고, 새와 짐승은 잡아먹힐까 겁에 질린 채 가련하게 피해 다니며, 아수라는 성내어 싸우길 즐기고, 여러 천인은 오직 즐거움에 빠져 있습니다. 이 가운데에서 마음을 가다듬고 지혜를 구하는 중생은 오직 인간뿐입니다. 우리가 이같이 하지 않으면 누가 하겠습니까?

중생은 육도를 윤회한다고 한다. 인간 세상보다 못한 환경에서 사는 존재들은 근심과 두려움에 싸여 있거나 분노와 어리석음으로 인해서 최상의 지혜를 구해서 윤회의 고통을 벗어날 엄두를 내지 못한다. 또한 천상의 존재는 과거에 쌓은 선업으로 인한 일시적 즐거움에 빠져서 윤회를 벗고자 하는 마음을 내지 못한다. 따라서 괴로움과 즐거움이 섞여 있는 인간 세상이 도를 닦기에 가장 좋다는 말이다.

일찍이 대승 경전에서 궁극적인 진리를 설파한 경론을 두루 훑어보았는데, 모든 가르침이 삼학을 벗어나지 않고 또한 어떤 부처님도 삼학을 통하지 않고 도를 이룬 분이 없었습니다. 《능엄경(楞嚴經, 실천 수행의 관점에서 서술한 경전으로 선종에서 중시됨)》에 이르기를 "과거의 모든 여래도 이 길을 통해 도를 성취했고, 현재의 보살 또한 이 가르침에서 완전한 진리를 체득했으며, 미래에 수행하는 사람들도 이 법을 통해야 할 것이다."라고 했습니다. 우리도 이제 아름다운 기약을 맺고 굳건하게 맹세하기에 이르렀으니, 거룩한 행위와 참된 기풍을 따라 수행하되 자신을 비하하지 말고 계정혜로 몸과 마음을 닦아 나갑시다.

불교의 수행은 오직 계정혜 삼학을 근간으로 한다. 지눌은 승가가 문란해지면서 불법이 쇠퇴해 가는 현실을 직시하고 정법을 널리 떨치게 하기 위해 고심하다가 불교의 모든 가르침, 특히 수행론의 근본이 삼학에 있다는 사실에 착안했다. 어느 곳에서나 전통으로 내려온 이론이나 제도가 위기에 처해 있을 때는 항상 근본정신으로 돌아가야 한다. 그런 까닭에 지눌 역시 결사를 결심하면서 삼학을 닦기로 한 것이며, 결사의 명칭 또한 그러하다. 정혜를 강조하면서 상대적으로 계율이 소홀히 다루어지긴 했으나 실상 계율은 승려의 일상적인 생활 규범이고 또 이미 체계적으로 정립되어 있기 때문에 따로 다루지 않았을 뿐이다.

이는 명리와 집착을 버리고 한적한 곳에서 성현의 길을 닦으면서, 달을 보고 거닐고 물소리를 들으며 자유로이 살아가자는 것입니다. 또한 이 세상 어디에도 걸림이 없이 언제 어느 때든 활달하게 흐르는 물살 위의 빈 배처럼 노닐고, 허공을 나는 새처럼 지냅시다. 세상에 모습을 나타내더라도 깊은 정신세계는 온 누리에 충만하게 하고, 상황에 따라 세상사에 감응하되 자연에 따를 뿐 일정한 틀에 얽매이지 않을 것이니 제가 바라는 수행자의 삶이 바로 이러한 것입니다. 만일 수행하는 사람이 명리를 버리고 산에 들어가 수행하지 않고 겉모습만 도인 행세를 해서 신심 깊은 시주(施主, 절이나 승려에게 물건을 베풀어 주는 사람)를 유혹한다면 명리와 부귀에 집착하거나 술과 맛난 음식을 탐내어 심신이 황폐하고 미혹한 채 인생을 허송하는 것만도 못할 것입니다.

정혜를 닦는다고 해서 반드시 한적한 곳을 찾아 달과 물을 보며 거닐고, 빈 배와 새처럼 흘러가야 하는 것은 아니다. 그러나 당시 종교계 풍토를 보면 명리에 집착해 선종의 기풍을 어지럽히는 승려가 많았기 때문에 명리를 멀리하자는 취지에서 한 말이다. 또한 이미 도를 이루어 자유롭고 거침이 없게 된 다음에는 세상 사람과 함께 그 열매를 나누어야 할 것이다. 지눌 역시 정신은 온 우주에 충만하고, 상황에 따라 세상과 교섭하되 그 자취와 일정한 틀이 없는 자유로운 경지를 추구했다.

172

후기

여러 사람이 이 말을 듣고 수긍하면서 말하기를 "언젠가 이 약속을 지켜 산중에 은거하면서 결사하고 이름을 정혜라고 하자."라고 해서 뜻을 모으고 맹세하는 글을 지은 것입니다. 그 뒤 서로가 수행하는 도량(사찰)이 달라서 사방에 흩어져 이 약속을 이루지 못한 지가 10년이 지났습니다.

지난 무신년(戊申年, 서기 1188년) 이른 봄에 전에 함께 결사를 맺었던 재공 선백(材公禪伯)이 팔공산(八公山) 거조사(居祖寺)에 머물면서 전날의 서원을 잊지 않고 정혜결사를 맺자면서 내가 있던 하가산(下柯山) 보문사(普門寺)로 편지를 여러 번 보내면서 간곡하게 청했습니다. 나는 숲 속 토굴에서 혼자 수행만 할 뿐 다른 생각을 할 겨를이 없었는데 전날의 약속을 생각하고 그 정성에 감동해 강(舡) 선사와 함께 거조사로 거처를 옮기게 되었습니다. 이제 뜻을 같이 하는 사람들을 불러 모으니 이미 죽거나 병들고 혹은 명리를 찾아 모이지 못하는 사람도 있어 남아 있는 서른네 명과 더불어 자리를 마련해서 지난번의 소원을 풀게 되었습니다.

엎드려 바라오니 불교의 선과 교뿐만 아니라 유교나 도교의 선비 가운데에서도 세속적 삶을 싫어하는 뜻 높은 선비가 있어서 세상의 굴레를 벗어나 일념으로 도를 닦고자 한다면 전에 함께 결사를 맹세한 적이 없더라도 이 결사문 뒤에 이름을 적고 함께 수행하기를 바랍니다. 또한 같이 한곳에서 수행하지는 못하더라도 언제나 생각을 바로잡고 관조함으로써 힘을 다해서 바른 수행을 한다면 그것도 좋을 것입니다. 그것은 경전에서 "미친 듯이 날뛰는 마음을 쉬는 곳이 곧 보리며, 밝고 신비로운 본성은 남으로부터 얻는 것이 아니라."라고 한 말씀과 같고, 또한 〈문수게〉에서 "한 생각 깨끗한 마음이 바로 도량이니 갠지즈 강 모래알 숫자만큼 칠보탑을 쌓는 것보다 나으리라. 보배 탑은 끝내 부서져 먼지가 될 날 있으려니와 한 생각 깨끗한 마음은 바른 깨달음을 이루리라."라고 한 것과 같습니다.

그러므로 바로 알아야 합니다. 잠시 동안 바로잡은 깨끗한 마음은 우주가 부서지는 환란이 닥쳐도 그 공덕이 스러지지 않습니다. 공덕은 단지 수행자만이 얻는 것이 아닌 까닭에 위로는 이 공덕으로 임금과 태자의 수명이 오래 가고, 천하가 태평하기를 기원합니다. 또한 진리의 수레가 멈추지 않고 굴러서 삼세와 시방의 스승과 부모와 시주는 물론 모든 생명이 진리의 비에 젖어 영원히 삼악도의 고통에서 벗어나기를 또한 서원합니다.

결사에 모인 수행자들이 진리의 큰 보물 창고에 들어가 삼매의 바다에 노닐면서 미래 세계가 다하도록 어리석고 미혹된 중생을 이끌어 불법의 등불을 전해서 그 빛을 더욱 밝게 한다면 그 공덕이 법성(마음의 본성)과 마찬가지로 한이 없을 것입니다. 선(善)을 즐기는 군자들은 마음 깊이 생각하시기를 바랍니다.

때는 명창(明昌, 송나라의 연호) 원년(元年) 경술년(庚戌年, 서기 1190년) 늦봄에 팔공산에 은거하는 목우자(牧牛子) 지눌이 삼가 씁니다.

승안(承安, 송나라의 연호) 5년 경신년(庚申年, 서기 1200년)에 결사를 팔공산에서 강남(江南) 조계산(曹溪山)으로 옮겼는데 마침 이 산에 정혜사(定慧寺)가 있어서 이름이 혼동되므로 조정의 허락을 얻어 정혜사(定慧社)를 수선사(修禪社)로 고쳤습니다. 그러나 본 결사문은 이미 세상이 퍼졌으므로 옛 이름 그대로 판에 새겨 인쇄해 돌립니다.

《정혜결사문》, 더불어 깨달음을 향해 가는 길

1. 지눌과 그의 시대

　《정혜결사문》의 원제목은 《권수정혜결사문(勸修定慧結社文)》이다. 말하자면 '선정과 지혜를 함께 닦기를 권하는 수행 공동체의 결사를 위한 글'이라고 할 수 있다. 이 글은 당시 명성과 이익을 다투는 승려들의 타락한 모습을 보고 은둔해 함께 수행할 것을 권고한 일종의 선언문이다. 이 글이 인쇄되어 세상에 퍼진 것은 후기로 보아 정혜결사를 맺은 지 10년이 지난 1200년경 결사를 팔공산에서 조계산으로 옮기며 정혜사를 수선사로 이름 바꾼 시기로 추정된다. 아마도 결사 초기 유통된 것은 필사본이었을 것이다. 이 글은 고려와 조선을 거치며 몇 번에 걸쳐 간행되었으며, 근 현대에 들어서는 1942년에 방한암(方漢岩) 선사가 번역 출간한 것이 있으며 오늘날 주로 유통

되고 있는 것은 1939년 탄허 스님이 편찬한 《보조법어》 가운데에 들어 있다.

1) 시대 상황

지눌의 삶과 사상을 이해하기 위해서는 고려 시대 불교계의 동향과 정치적·경제적 상황을 먼저 살펴볼 필요가 있다. 모든 사상은 일차적으로 시대적 산물이기 때문이다.

고려 초기 불교의 대표적인 종파는 선종 계열인 조계종, 교종 계열인 화엄종과 법상종이었다. 물론 신라 불교의 주된 흐름이 이어졌다는 측면도 작용했겠지만 당시 새롭게 성장했던 선종 계열보다는 교종 계열이 우세했다. 그러나 고려 중기로 오면서 조계종이 성장하는 가운데 의천(義天)과 같은 인물이 나타나 교종인 천태종을 창립해 이를 중심으로 선종인 조계종의 일부를 흡수함으로써 전면에 걸쳐 고려 불교를 재편성하게 된다.

대체로 고려 중기와 후기에는 화엄종과 법상종이 몰락한 대신 조계종과 천태종이 고려 불교계의 양대 세력으로 성장했다. 그러나 12세기 후반 무신 세력의 집권 이후, 개경의 문벌 귀족층이 몰락하면서 그들과 결탁했던 교종 세력은 점차 몰락하게 된다. 물론 교종인 불교계의 기존 세력이 지나치게 권력과 결탁하면서 타락했다는 측면이 주된 이유로 작용한 것이지만, 새롭게 집권한 무신 정권이 자신들을 대변할 새로운 사상으로 선종을 택했기 때문이다. 그래서 지눌의 수선사는 무신 정권의 적극적인 후원을 받게 된다. 일반적으로 고려 말 무신 집권기 이후에는 선종이 우위를 차지했다고 볼 수 있다.

고려 말기의 혼란한 정치적·사회적 환경에서 성장한 선 불교는 선종과 교종의 이념적인 대립을 해소하는 방향으로 발전하게 되었다. 그러나 선종 가운데서도 화두를 참구하는 간화선(看話禪) 계열을 중심으로 이루어진 통합은 종파 간의 특성을 반영하지 못함으로써 다양한 종파의 독창적인 발전을 저해하는 역기능을 했다. 고려 후기 이후 간화선이 불교의 흐름을 주도하면서 마침내 조선 시대에 이르러 교종과 선종의 양 종파가 아니라 단일 선종 종파가 태동하게 되는데, 오늘날 조계종의 특성도 이러한 역사적 상황과 무관하지 않다.

지눌의 정혜결사와 관련해서 주목해야 할 점은 고려 말기 불교계의 동향이다. 고려 말기에는 불교 종파 사이의 분쟁과 갈등이 더욱 깊어졌다. 여기에는 정치적·사회적 요인과 함께 불교 내의 구조적 요인이 함께 작용했다. 먼저 사회적 요인으로는 12세기 후반 무신의 난과 몽고의 침략과 압제를 들 수 있다. 이러한 정치적 변동을 거치며 불교계는 초기보다 더욱 정치 권력과 밀착하게 되었고 이는 결과적으로 불교계를 더욱 세속화시켰으며, 불교는 정치 권력에 예속됨으로써 자주적으로 발전할 수 있는 역량을 상실했다.

고려 말기에 나타난 불교계의 내부적인 문제 중의 하나는 교종의 몰락이다. 교종이 몰락하면서 한때 대각국사 의천이 주도했던 교리 연구의 기풍도 크게 후퇴하게 된다. 이렇게 되자 무신의 난 이후 암울한 정치적·사회적 환경 속에서 지식인들은 교리에 대한 이론적인 탐구보다는 실천적 수행에 관심을 보였다. 선 수행은 난세를 벗어나 마음의 평화를 구하는 사람들의 의지처가 되었다. 특히 이 시기 선종의 주류는 남송 임제종(臨濟宗)의 영향을 받은 간화선이었다. 단순하면서도 강력한 수행법인 간화선은 무신 세력에게 큰 호응을 받았으며, 간화선을 중심으로 다른 종파가 통합되는 현상마저 보였다. 그러나 그렇다고 해서 종파 사이의 갈등이 해소된 것은 아니었다.

고려 말기 불교계의 또 하나의 문제는 중앙의 통제가 약화되면서 지방 불교가 빠른 속도로 세속화되었다는 점이다. 불교계 전반이 세속화한 데다가 승려의 과거 시험인 승과가 제대로 치러지지 않으면서 자질이 없는 사람들의 출가가 증가했다. 승려라는 신분을 이용해 경제적 부를 축적하는 사람도 있었고, 세속적 쾌락을 탐내는 승려가 늘어남으로써 승가는 타락과 추문에 휩싸였다. 이렇게 세속화한 승려들이 사원을 통해 부를 축적함에 따라 사원을 장악하려는 주지 쟁탈전이 극심하게 되었다. 특히 몽고의 압제 아래서 몽고의 불교 제도가 수용되면서 승정(僧政)은 더욱 문란해지고 종파 사이의 갈등도 깊어졌다. 공민왕(恭愍王) 때에는 보우(普愚)와 신돈(辛旽)이 승정을 장악하려고 갈등을 벌임으로써 불교의 영향력은 급격히 약화되어 결국 불교는 고려 사회에서 도덕적·정신적 기능을 상실하기에 이른다.

2) 지눌의 생애

지눌은 고려 의종(毅宗) 12년(1158년) 지금의 황해도 서흥에서 태어났다. 이 당시 불교는 혼란스러운 상황 속에서도 국가의 이념적 기반으로 기능하고 있었다. 왕은 정치적 결정이나 종교 의례에 관해 고승의 자문을 구했고, 교단과 승려는 권력의 보호를 받으며 정치적·경제적으로 성장했다. 왕실과 밀접한 관계를 맺어온 불교 교단은 대규모의 토지를 소유하고 각종 이권에도 개입함으로써 부를 축적했다. 그러나 불교 교단의 경제적 풍요는 다른 한편으로 재물과 권력에 대한 탐욕과 투쟁의 빌미를 제공했고, 이러한 세속화가 진전되면서 고려 불교는 급속히 몰락의 길을 걷게 된다. 지눌이 태어난 것은 화려했던 고려의 불교가 쇠퇴기에 접어들 무렵이었다.

지눌의 아버지 정광우(鄭光遇)는 지금의 국립대 교수직에 해당하는 국학(國學) 학정(學正)이었고 건실한 불교 신자였다. 정광우는 지눌이 어릴 때부터 병약한 것을 크게 근심해 부처님 앞에서 빌면서 자식의 병을 낫게 해 주면 불가에 입문시키겠다고 서약했다. 과연 이 기도

가 효험이 있었는지 지눌의 병이 낫게 되었고 약속대로 지눌을 출가 시켰다. 이때 지눌의 나이가 여덟 살이라고도 하고 열여섯 살이라고 도 하는데, 출가한 나이는 여덟 살이지만 정식으로 구족계를 받은 나이가 열여섯 살이었을 수도 있다. 지눌은 어린 나이에 출가했음에 도 불구하고 특정 선사나 종파에 공식적으로 소속된 적이 없고 주로 경전과 선 지식의 어록을 스승으로 삼아 스스로 체득해 나가는 길을 택했다. 지눌의 사상적 독창성과 역동성은 이러한 주체적인 학습과 수행 생활에서 비롯된 것으로 보인다.

지눌은 당시 승가의 관례에 따라 승려 국가시험인 승과를 치렀고, 스물다섯 살 되던 해 담선법회가 열렸던 보제사에서 승과에 합격했 다. 그 뒤 수도인 개경에 머물면서 헛된 이름과 욕망을 추구하는 승 려들의 세속적 행태에 환멸을 느끼고, 뜻을 같이 하는 도반들과 함 께 은거하며 정혜를 닦는 결사를 맺고자 했다. 그러나 모든 상황이 여의치 않아서 정혜결사를 맺기 전까지 8년간 발길 닿는 대로 떠돌 면서 경전을 읽는 한편 참선 수행에 힘썼다.

1188년 봄, 지눌은 일찍이 정혜결사를 맹세했던 도반인 재공 선백 의 초청으로 팔공산 거조사로 가서 정혜사를 창설하고, 1190년에 정식으로 활동을 시작하며 《정혜결사문》을 지었다. 이 글에는 정통 적인 정혜의 수행을 향한 열정과 당시 불교계의 타락과 그릇된 수행 풍토에 대한 혹독한 비판이 담겨 있다. 정혜사는 뜻있는 수행자와 재가 불자들로부터 광범한 지지를 얻으며 불교 개혁 운동의 기수가 되었다. 결사 공동체에 참여하는 사람이 점차 늘어나자 거조사를 중창한 것만으로는 부족해 1200년에 다시 지금의 송광사 자리로 옮기고 1205년 이름을 정혜사에서 수선사로 바꾸었다. 지눌은 낮에는 배우는 사람들에게 강의하고 저녁에는 참선 수련을 지도하면서 정통 수행도량의 진면목을 보였다. 그리고 쉰한 살 되던 1208년 후계자였던 진각 혜심(眞覺慧諶)에게 결사의 모든 것을 맡기고 수선사 부근의 규봉암(圭峰庵)에 은둔하면서 저술과 수행에만 전념했다.

지눌은 본래 정혜결사를 전후해 세 번의 큰 깨달음을 얻었다고 한다. 그런데 모두 경전이나 고승의 어록을 읽고 깨쳤다는 점이 특이하다. 세속의 명리와는 거리를 두고 혼란한 시대를 살아온 지눌에게 불교계의 스승보다 경전과 어록의 글이 누구보다도 훌륭한 스승이었던 것이다.

지눌은 승과에 합격한 뒤 얼마 지나지 않아서 전남 나주의 청원사(淸源寺)에 머물 때 첫 번째 깨달음을 얻었다. 지눌은 《육조단경》을 읽던 중 "생각이란 진여 자성이 일으키는 것이기 때문에 여섯 가지 지각 기관이 보고 듣고 느끼고 알지라도 대상에 물들지 않고 항상 있는 그대로 자유로운 것이다."라는 구절을 보고는 큰 감격을 느꼈다. 대상에 물들지 않는 한마음의 존재를 비로소 확인한 것이다. 지눌은 이전에 느낄 수 없었던 경지를 체험하고는 기쁨에 가득 차서 일어나

법당을 거닐며 그 의미를 음미했다고 한다. 이렇게 처음으로 불성에 눈을 뜬 체험은 이후 지눌의 수행을 이끄는 원동력이 되었다.

두 번째 깨달음은 스물여덟 살 되던 1185년 가을, 지금의 안동 학가산(鶴駕山) 보문사(普門寺)에 머물면서 대장경을 열람하던 중 경험했다. 지눌은 이통현 장자의 《화엄론》 가운데 "만약 마음이 열리고 지혜가 맑아지면 한 올의 머리털과 온 우주가 하나가 될 것이다. 왜냐하면 마음 밖에는 아무것도 존재하지 않기 때문이다. 이것이 바로 진여의 지혜지만 보통 사람들이 알지 못할 뿐이다."라는 대목을 읽고 감격에 겨워서 책을 머리에 이고 춤을 추었다고 한다. 이것은 온통 차별적인 존재로 이루어진 변화하는 세계가 실은 변하지 않는 진리의 세계와 다르지 않음을 깨달은 것이라고 할 수 있다. 이 두 번째 깨달음으로 지눌은 자신이 걷는 수행의 길에 대해 확신했을 뿐만 아니라, 나중에 《원돈성불론(圓頓成佛論)》이나 《간화결의론(看話決疑論)》 등에서 보여 준 것과 같이 화엄 사상과 선 수행을 결합하는 계기가 되었다.

세 번째 깨달음은 정혜사라는 수행 공동체를 결성한 이후 마흔한 살 되던 해에 지리산 상무주암(上無住庵)에서 대혜 종고(大慧宗杲)의 어록인 《대혜어록(大慧語錄)》을 보던 중 "선(禪)이란 고요한 곳에 있는 것도 아니요 시끄러운 곳에 있는 것도 아니다. 또한 선은 날마다 사물과 상대하는 곳에 있지도 않으며, 생각하고 분별하는 곳에 있지도 않다. 그러나 고요한 곳, 시끄러운 곳, 사물과 상대하는 곳, 생각하고 분별하는 곳을 떠나 있는 것도 아니다. 눈이 열리기만 하면 선은 언제나 그대와 함께 있는 것이다."라는 구절을 접하고 즉시 눈이 열리고 마음이 안락해졌다고 한다. 지눌은 두 번째 깨달음을 얻은 뒤에도 열심히 정진했지만 무엇인가 미진한 것이 가슴에 걸려 있었는데 마지막으로 대혜 종고의 말에 크게 깨달은 것이다. 즉 시끄럽거나 조용하거나 혹은 사물을 분별하거나 분별하지 않거나 세계는 있는 그대로 이미 참되며 중생의 분별과 망상이 쉴 때 비로소 진리가 그대로 드러남을 깨달은 것이다.

이렇게 세 번의 깨달음을 겪으며 수행과 저술에 정진하다가 쉰세 살 되던 1210년, 지눌은 자신의 죽음을 예견하고는 평소와 다름없이 제자들과 문답하다 주장자(拄杖子, 승려가 들고 다니는 지팡이)로 법상을 세 번 치고 "천 가지 만 가지가 모두 이 가운데 있다."라는 말을 남기고 앉아서 입적했다. 생전에 지눌의 열렬한 후원자였던 희종(熙宗)은 불일(佛日) 보조국사라는 시호를 내렸다.

지눌은 만년에 스스로 목우자라 칭했다. 오늘날에도 사찰의 벽면에서 흔히 볼 수 있는 십우도(十牛圖)는 소를 마음에 빗대어 잃어버린 소, 즉 마음을 찾는 과정을 열 개의 그림으로 표현한 것이다. 따라서 '소를 치는 사람'이라는 의미의 목우자라는 법호는 '마음을 길들이는 사람'이라는 의미가 된다.

2. 지눌의 사상

지눌의 사상은 근본적으로는 불교의 정통적인 선교의 모든 가르침을 두루 담고 있지만 《정혜결사문》에서도 특히 강조된 정혜쌍수(定慧雙修)와 선교 일치론(禪敎一致論), 그리고 돈오점수를 중심으로 그의 사상을 살펴보고자 한다.

1) 정혜쌍수, 선정과 지혜를 함께 닦다

지눌은 당시 불교 교단과 승려가 타락한 원인을 참된 수행이 없기 때문임을 깨닫고 수행 공동체인 결사 운동의 필요성을 절감했다. 《정혜결사문》은 이러한 문제의식이 드러난 저서다. 지눌이 출세가 보장된 길을 버리고 은거하며 수행 공동체를 결성하기로 맹세한 것은 당시 명리를 탐내는 승려들에게 환멸을 느끼고 승려의 본분을 회복하기 위한 것이었다. 그리고 그 구체적인 방법으로 선정과 지혜를 닦을 것을 권했다. 선정과 지혜는 계율과 함께 붓다 당시부터 불교 수행의 핵심으로 중시된 삼학 가운데 두 축이다. 여기서 계율을 말하지 않은 것은 그 중요성을 무시한 것이 아니라, 계율이 승려 생활의 기본 규범인 데다가 수행의 본질인 정혜를 돕는 역할을 하기 때문에 굳이 함께 적지 않은 것일 뿐이다.

선정이란 마음의 고요함을 추구하는 것이고, 지혜란 고요한 마음으로부터 사물의 본모습을 비추는 것이다. 그래서 선정은 등불에 비유하고 지혜는 등불에서 나오는 빛에 비유한다. 마음의 고요함이 없이는 지혜의 빛이 비출 수 없고, 지혜의 빛이 비추는 곳에는 반드시 마음의 고요함이 있다. 선정이 지혜를 낳지만 지혜로부터 선정의 힘이 강화되기도 하므로 선정과 지혜는 하나면서 둘이고, 둘이면서 하나다. 잠시라도 마음을 가다듬어서 마음을 하나의 대상에 집중하는 수련을 해 본 사람이라면 알겠지만, 우리의 마음은 잠시라도 고요히 머물러 있지 않고 항상 나돌아 다닌다. 선정이란 쉬운 말로 집중력이라고도 할 수 있는데, 집중력이 없이 산만한 상태에서는 작게는 어떤 일을 해도 능률이 오르지 않으며, 크게는 자신이 삶의 주인이 되지 못하므로 크고 작은 괴로움에서 벗어날 길이 없다.

《정혜결사문》에서도 여러 차례 지적하고 있듯이 마음 공부를 통해 진리를 깨닫자는 말을 하면 대부분의 사람들은 성인이나 할 수 있는 것이지 자신과 같이 보잘것없는 사람이 감당할 수 있는 일이 아니라고 하며 비굴하게 뒷걸음질친다. 깨달음을 너무나 어렵게 생각해서 그런지는 모르지만 그것은 겸손이 아니다. 불교에서 진리를 깨닫는 것은 그저 허울 좋은 목표가 아니며, 깨달으면 좋고 깨닫지 않아도 상관없는 선택 사항도 아니다. 그것은 지금 이 자리에서 실존적인 결단과 해결을 요구하는 긴박한 과제다.

그렇다고 해서 깨달음이 우리가 알 수 없는 저편 어딘가에 있는 신비로운 경지는 아니다. 그것은 순간순간 이어지는 우리 삶의 과정이다. 우리는 누구나 자신의 그릇만큼 깨달아 가면서 살고 있는 것이다. 그러므로 지금 이 자리에서 마음을 닦은 것은 우리의 삶을 조금씩 개선하고 승화하는 길이다.

선정과 지혜를 함께 닦음으로써 우리는 진리, 즉 마음의 본체를 깨달을 수 있다. 마음의 본체는 시간의 흐름에 따라 떠올랐다가 사라지는 사랑하고 미워하고 분노하는 일상의 마음과 아주 다른 것도 아니지만 같은 것도 아니다. 앞서 말한 것처럼 그것은 바닷물과 파도의 관계와 같다. 우리는 끊임없이 떠올랐다가 사라지는 마음의 파도에 가려서 마음의 바다를 보지 못한다. 그것이 보통 사람들의 지혜의 한계다. 그러나 깨달은 사람은 마음의 파도에 동요되지 않고 마음의 바다를 본다. 그렇다면 마음의 바다, 즉 마음의 본체를 보는 것이 왜 그렇게 중요한 것인가? 마음의 본체를 보는 것은 우리 자신이나 우주가 마음이라는 본체의 그림자임을 보는 것이며, 마음의 본체가 본래 생겨나는 것도 아니고 소멸하는 것도 아닌 영원한 진리임을 분명히 아는 것이다. 그것이 진정한 의미의 행복이다.

2) 선교 일치, 선종과 교종의 일치

지눌이 활동하던 12세기 후반 고려 불교계는 선종과 교종이라는 두 종파로 나뉘어 있었다. 거대한 사원을 소유하고 세속의 권력과 결탁한 불교계는 안팎으로 몰락의 길을 걷고 있었다. 지눌에게 부여된 시대적 과제는 이렇게 분열된 불교계를 통합하고, 승려의 도덕적 타락과 잘못된 수행 풍토를 바로잡는 것이었다. 먼저 교종과 선종의 통합은 교종인 화엄종의 이론을 선종의 수행에 연결시킴으로써 해결하고자 했다. 이것은 원효의 화쟁(和諍) 사상과 의천의 원각 사상을 이은 우리나라 불교 사상의 독자적인 모색이라고 할 수 있다. 지눌은 젊어서부터 특정 종파나 인물을 추종하지 않고 자유로운 입장에서 선과 교를 두루 섭렵했다. 특히 《수심결》에서 지눌은 선교의 대립 양상을 비판하면서 선교의 조화를 이렇게 쓰고 있다.

"슬프다. 근래에 이르러 불법이 더욱 쇠퇴했도다! 어떤 사람은 선을 높이며 교를 배척하고, 또 어떤 사람은 교를 존중하면서 선을 비판한다. 그러나 선은 부처님의 마음이요 교는 부처님의 말씀이다. 교는 선을 돕고 선은 교를 돕는 이치를 모르고 선과 교가 원수와 같이 다투니……."

《정혜결사문》의 정과 혜는 다시 선과 교로 대치할 수 있다. 정과 혜가 서로 보완하며 동전의 양면과 같은 것처럼 선과 교의 관계 또한 마찬가지다. 지눌은 선과 교를 함께 공부하는 것이 중요하다는 점을 특히 실천적인 측면에서 강조했다. 처음에는 경론의 이론을 공부해서 불교의 전체적인 맥락을 이해하고, 그 다음에 선정을 닦아서 지혜를 완성해야 한다는 견해를 제시했다. 이것은 수행인들에게 매우 합리적인 제안이 아닐 수 없다. 교학에 대한 이해없이 참선 수행을 한다는 것은 마치 정확한 지도 없이 미지의 땅을 여행하려는 것과 같은 위험 요소가 따른다. 마찬가지로 교학에 대한 이해만으로 만족하고 실제 수행을 멀리하는 것도 바른 자세가 아니다.

지눌이 기초한 한국의 선 불교를 흔히 조계선(曹溪禪) 혹은 보조선(普照禪)이라고 하는데, 이 선 사상의 특징은 화엄학을 선 불교 수행의 이론적 근거로 삼았다는 점이다. 다시 말해서 지눌은 교종의 대표적인 가르침인 화엄과 선을 성공적으로 조화시킨 것이다. 지눌은 《화엄경》에 대한 이통현 장자의 해석 중에서 "중생의 무명이 부처의 부동지와 같다."라는 사상을 자신의 선 수행관의 전제로 수용했다. 따라서 지눌이 받아들인 화엄 사상은 사변적인 형이상학이 아니라 중생과 더불어 해탈한다는 대승의 정신을 바탕으로 한 것이다.

3) 돈오점수, 단박에 깨닫고 점차로 닦아 나간다

돈오란 수행을 거치지 않고 불교의 진리를 단번에 깨달음을 의미하고, 점수란 비록 진리를 단번에 깨치기는 했지만 중생으로 살아온 오랜 습성이 남아 있기 때문에 차차 닦아서 습성을 제거하고 진리를 몸에 체득해 나감을 말한다. 이것은 천지에 봄이 와도 얼음이 일시에 녹는 것이 아니라 차차 녹는 것에 비유하기도 하고, 어린아이가 태어날 때 사지와 이목구비를 제대로 갖추고 있지만 그 기능을 충분히 발휘하지 못하다가 점차 성장하면서 성인으로서 완전한 기능을 갖추게 되는 것에 비유하기도 한다.

돈오점수에 대한 지눌의 입장은 《수심결》에 실린 다음과 같은 말에서도 확인된다.

> "영리한 사람이 많은 힘을 들이지 않고 조금 깨달았다고 자만해 다시 닦아 나가지 않으면 세월이 지나 다시 전과 같이 기약 없는 윤회에 떨어지고 만다. 어찌 한 번 깨친 것으로 만족하고 다시 닦아 나가지 않겠는가?"

3. 지눌의 저술

지눌은 일정한 스승이나 종파에 구애되지 않고 일생 동안 경전의 가르침이나 고승의 어록을 실제 체험에 입각해 자신의 것으로 만드는 노력을 게을리 하지 않았다. 이러한 포용적인 태도와 독자적인 학습 방식이 지눌 사상의 독자성을 형성했다고 말할 수 있다. 그리고 지눌은 많은 저술을 통해 자신의 사상을 정리했는데, 《정혜결사문》 외에 지눌의 주요 저서를 열거하면 아래와 같다.

1) 《계초심학인문(誡初心學人文)》

바로 풀이하면 처음 불교를 공부하는 사람들을 깨우치는 글이다. 정혜결사 초기에 구성원들이 지켜야 할 수행 지침서로 씌여졌다. 한국 선 불교의 윤리적 규범을 최초로 제시한 것으로 오늘날에도 여전히 불교에 입문하는 사람들의 귀감이 되고 있다. 지눌은 이 저술을 통해 불교에 처음 입문하는 승려가 지켜야 할 도덕적 행위의 중요성을 강조하고 있다. 이는 계율이 모든 수행의 근본이라는 인식에 근거한 것으로 지눌이 활동할 당시 불교계의 타락상에 대한 경계의 의미가 담겨 있다.

2) 《수심결》

뜻 그대로 마음을 닦는 비결이다. 이 역시 결사 초기에 대중을 위해 씌어진 선 수행서로 짐작된다. 이 저술은 간결하면서도 한국 선 사상의 핵심적인 문제의식이 망라된 명저로, 현재까지도 선에 관한 서적 중에서 가장 영향력 있는 저술 가운데 하나로 자리 잡고 있다. 지눌은 이 저술을 통해 돈오점수와 정혜쌍수를 주장하고 있다. 분량이 비교적 짧지만 지눌 사상의 핵심 내용이 들어 있는 중요한 저술이다.

3) 《화엄론절요》

마흔 권에 달하는 이통현 장자의 《화엄론》 가운데 핵심적인 내용을 가려서 세 권으로 줄인 축약본이다. 지눌이 학가산 보문사에 머물 때 이통현 장자의 《화엄론》을 보고 크게 깨달은 바가 있었기 때문에 그것을 정리한 것으로 보인다.

4) 《원돈성불론》

세 권으로 된 《화엄론절요》를 쓴 뒤에 다시 작은 논문으로 체계화시킨 것이다. 수행을 시작할 때 중생의 어리석은 분별심이 곧 모든 부처님의 부동지임을 즉각 깨닫고, 깨달은 뒤에도 만행을 닦는 돈오점수의 이치가 바른길임을 역설하고 있다. 지눌은 규봉 종밀의 선교 일치론과 돈오점수론을 계승했지만 《원돈성불론》은 특히 이통현 장자의 화엄 사상에서 직접적인 영향을 받았음을 보여 준다. 《간화결의론》과 함께 만년의 저술로 추정된다.

5) 《법집별행록절요병입사기》

《법집별행록》은 당나라 규봉 종밀의 저술이다. 규봉 종밀은 화엄종의 제5대 조사자 하택종(荷澤宗)을 크게 일으킨 선사로 선종과 교종 모두에 두루 밝아 선교 일치론을 편 인물이다. 《법집별행록》의 제목은 당시 선종의 4대 종파인 하택종, 신수종(神秀宗), 홍주종(洪州

宗), 우두종(牛頭宗)의 가르침 가운데에서 따로 하택종의 가르침을 모아 세상에 전한 기록이라는 의미다. 《법집별행론절요병입사기》는 이 규봉 종밀의 저술에 지눌이 개인적인 생각을 기록해 첨부한 것이다. 이는 원래 제자의 교육을 위해 저술한 것이나 지눌의 성숙된 불교 사상이 총망라된 대표적인 저술로 현재까지도 승가의 기본 교재로 사용되고 있다.

6) 《간화결의론》

말 그대로 간화선 수행에 대한 문제나 의문점을 해명한 논문이다. 지눌은 지리산 상무주암에서 《대혜어록》을 읽고 크게 깨달은 이후에 간화선 수행에 대한 확신을 가지게 되었고 뒤에 이 책을 썼다. 결과적으로 이 책은 우리나라에 간화선 수행 전통이 널리 자리 잡는 데 큰 기여를 했다. 저술된 시기는 지눌의 말년이었을 것으로 추정된다. 화두를 통해 깨치는 간화선 수행의 특성은 다음과 같다. 첫째, 말과 생각이 끊어진 본성을 깨치는 가장 뛰어난 수행법이다. 둘째, 고요히 비춘다는 이른바 묵조선(默照禪)과 달리 살아 있는 수행이다. 셋째, 점차 깨쳐 나가는 수행이 아니라 단번에 깨치는 수행이다. 넷째, 이치로 따지는 교학의 수행과 달리 논리와 사유를 뛰어넘는 수행이다.

7) 《염불요문(念佛要門)》

지눌은 선과 교를 아울렀을 뿐만 아니라, 염불과 같은 수행에 대해서도 마음을 닫고 있지 않았다. 이 글에서는 지적으로 열등한 사람에서 능력이 뛰어난 사람에 이르기까지 능력의 차이에 따른 여러 가지 다양한 수행 방편을 제시하고 있다.

위에서 열거한 지눌의 저술을 훑어보면 지눌의 불교 사상이 어느한쪽에 치우치지 않고, 다양한 분야를 포용하고 있음을 쉽게 알 수있다. 이는 한국 불교사에서 지눌이 차지하는 중흥조로서의 위치를재확인시켜 준다. 지눌은 원효 이래로 내려온 앞선 시대의 불교 사상을 집대성했을 뿐만 아니라, 이후 한국 불교의 흐름을 이끌어간선각자였다.

4. 《정혜결사문》의 현대적 의미

사람에 따라 세속적인 성공을 추구하는 삶을 선택하기도 하고, 번잡한 세상을 벗어나 영원한 진리를 깨닫고자 구도자의 삶을 선택하기도 한다. 또한 세속에 섞여 살면서 세속을 벗어난 진리를 구할 수 있는가 하면, 출가자로 살면서 명예와 이익을 구하는 경우도 있다. 이처럼 세간과 출세간을 엄격히 구분하는 것이 무의미하지만, 삶의 의미와 목표를 달리하는 두 부류의 사람이 존재하는 것만은 분명하다.

《정혜결사문》은 고려 말기 세속적인 명예와 이익에 눈먼 승려들의 모습을 강하게 비판하면서 출가 수행자 본연의 자세로 되돌아가기를 독려하는 글이다. 문화와 사상이 위기에 처하거나 한계에 도달했을 때 가장 효과적인 처방 중의 하나는 전통, 혹은 원형으로 복귀하는 길이다. 그것이 르네상스가 뜻하는 바기도 하다. 당시 불교계의 타락상을 목격한 지눌이 제시한 치유책 또한 불교의 근본 정신인 정혜를 닦으며, 승려 본연의 자세로 되돌아가자는 것이었다. 스물다섯 살에 처음 정혜결사를 제안해 서른세 살에 정혜사를 창설하면서 쓴 글이라 곳곳에서 불교 중흥에 대한 결의와 젊은 패기를 느낄 수 있다.

사실 《정혜결사문》의 문제의식은 오늘날에도 그대로 적용될 수 있다. 사회가 제 기능을 하기 위해서는 모든 구성원이 자신의 위치를 지켜야 한다는 공자(孔子)의 말을 떠올리면, 승려 또한 승려다울 때 위로는 깨달음을 구하고 아래로는 중생을 교화하는 본연의 자세를 지킬 수 있다. 깨달음을 구하는 것과 중생을 교화하는 것은 서로 다른 것이 아니다. 구도의 삶 자체가 중생과 더불어 깨닫기 위한 것이고, 중생을 돕기 위해서는 수행자 자신이 먼저 깨달아야 하는 것이다.

그렇다면 깨달음이란 도대체 무엇인가? 지눌이 《정혜결사문》에서 되풀이하며 강조하고 있듯이 마음의 본성을 찾는 것이다. 즉 정혜를 닦아 마음의 본성을 가리고 있는 번뇌와 분별하는 생각을 쉬는 것이 결사의 목적이라고 할 수 있다. 마음의 본성은 부처라고 해서 더 깨끗하고 중생이라고 해서 더러운 것이 아니다. 마음의 본성은 누구나 똑같은 것이므로 그것을 제대로 깨치면 누구나 부처가 될 수 있다. 그런데도 부처가 분수에 맞지 않는 것이라면서 자신을 비하해서 끝없는 윤회의 고통을 받는 중생의 삶에 안주하는 어리석은 행태에 대해 지눌은 연민하면서 통렬히 꾸짖는다.

시대가 바뀌고 문물이 변해도 사람의 생각과 감정까지 바뀌는 것은 아니다. 인간의 괴로움과 즐거움은 예나 지금이나 다름이 없다. 오히려 사회가 복잡해지고 물질문명이 발달하면서 인간 소외와 삶의 고뇌는 더욱 심화되고 복잡한 양상을 띤다. 옛날보다 물질적으로 풍요할지는 모르지만 정신은 더욱 황폐해지면서 현대인들은 마음의 평화를 얻지 못한다. 산란한 마음으로는 자기 마음의 주인 노릇을 할 수 없고, 따라서 자기 삶의 주인이 될 수도 없다.

깨닫고 부처가 되는 것이 쉬운 일이 아닌 것은 분명하지만, 그렇다고 영원히 도달할 수 없는 자리도 아니다. 내가 본래부터 가지고 있는 마음의 본성을 분명히 볼 수만 있다면 그것이 바로 깨달음이다. 그것은 밖으로 구해서 얻어지는 것이 아니다. 이 본성의 자리를 회복하는 것이 바로 자기 삶의 주인이 되는 길이요, 끝없는 윤회의 괴로움을 종식시키는 길이다. 그러므로 오늘 우리가 《정혜결사문》을 읽는 까닭도 바로 자신의 본성을 깨달아 스스로 자기 마음의 주인이 되고 삶의 괴로움에서 벗어나기 위해서일 것이다.

지눌 연보

1158년(1세)	고려의 수도 개경에서 귀족 정씨 가문에 태어났다. 아버지 정광우는 국학의 학정으로 경건한 불교 신자였다.
1167년(10세)	중국에서 들어온 구산 선문(九山禪門) 가운데 하나인 사굴산 파(闍崛山派)에 입문했다.
1173년(16세)	정식 비구가 되는 통과 의례로 구족계를 받았다.
1182년(25세)	보제사에서 승려 국가시험인 승과에 합격했다. 그러나 당시 승려 세계의 세속적 풍토에 환멸을 느껴 승려 본연의 자세로 돌아가고자 정혜결사를 제안했다.
1182년~ 1185년 (25세~28세)	청원사에서 《육조단경》을 읽던 중 자신의 생애에서 첫 번째 깨달음을 체험했다. 이는 수행자로서의 그의 삶을 이끈 정신적 원동력이 되었다.
1185년(28세)	학가산 보문사에서 이통현 장자의 《화엄론》을 읽다가 두 번째 깨달음을 체험했다.

1188년(31세)	은둔해 함께 수행하기로 약속한 사람 가운데 하나인 재공 선백의 초청으로 팔공산 거조사에 갔다.
1190년(33세)	거조사에서 정혜사가 공식적인 활동을 시작하면서 《정혜결사문》을 발표했다.
1198년(41세)	지리산 상무주암에서 대혜 종고의 《대혜어록》을 읽다가 세 번째 깨달음을 얻었다.
1205년(48세)	오랜 노력 끝에 선 불교의 내면적 통합을 이룬다. 지눌의 후원자인 희종은 120일간의 축일을 제정해 이를 기념했다. 이때 정혜사를 수선사로 개칭한다.
1207년(50세)	《화엄론절요》를 완성했다.
1208년(51세)	지눌의 수제자인 진각 혜심에게 수선사를 맡기고 그 부근의 규봉암에 은둔하며 저술과 참선에 몰두했다.
1209년(52세)	죽음을 한 해 앞두고 《법집별행론절요병입사기》를 완성했다.
1210년(53세)	주장자로 법상을 세 번 울린 뒤 "천 가지 만 가지가 다 이 가운데 있다."라는 말을 마치고 입적했다.